SENNA GAMMOUR

LIEBESKUMMER IST EIN ARSCHLOCH

NIE WIEDER FUCKBOYS

Ullstein

Besuchen Sie uns im Internet:
www.ullstein-buchverlage.de

Im Buch wurden Teile aus folgenden Liedtexten zitiert:
S. 12 Adele, *Don't you remember*
aus dem Album *21. XL*, Columbia 2011;
S. 60 Destiny's Child, *Independent women*
aus dem Album *Survivor*. Columbia 2001;
S. 208 Xavier Naidoo, *Was wir alleine nicht schaffen*
aus dem Album *Telegramm für X*. Naidoo Records 2005

Originalausgabe im Ullstein Taschenbuch
1. Auflage Februar 2019
5. Auflage 2019
© Ullstein Buchverlage GmbH, Berlin 2019
unter Mitarbeit von Astrid Herbold
Umschlaggestaltung: zero-media.net, München
Titelabbildung: © Hans Scherhaufer
Satz: KompetenzCenter, Mönchengladbach
Gesetzt aus der Weiss und der Meta
Druck und Bindearbeiten: CPI books GmbH, Leck
ISBN 978-3-548-06051-4

*Ich widme dieses Buch der stärksten Frau der Welt –
meiner Mutter*

INHALT

Einleitung: Liebeskummer ist ein Arschloch 9

1. Die 7 Phasen des Liebeskummers 17
2. Wenn er dich warten lässt 25
3. Die 48-Stunden-Regel 31
4. Erste Dates 41
5. Dein Cookie oder Sex mit dem Ex? 51
6. Die beste Rache 57
7. Spieglein, Spieglein an der Wand 63
8. Scheiß drauf 71
9. Das Date, das ganz anders war 79
10. Verstell dich nicht 83
11. Wenn er eine andere hat 87
    Männertypen 95
12. Wer seine Geschichte nicht kennt … 123
13. Hab Geduld mit dir 131

14. Sei unabhängig *141*

15. Trau dich *147*

16. Wenn er dich blockiert *153*

17. Du kannst es drehen *157*

18. Good energy vs. bad energy *163*

19. Fake Friends *173*

20. Love is a battlefield *183*

21. Be a Boss Bitch *189*

22. Forever alone? *195*

23. Time to say goodbye *201*

Dank *207*

EINLEITUNG
LIEBESKUMMER IST EIN ARSCHLOCH

Karl Lagerfeld hat mal gesagt, wer Jogginghosen trägt, hat sein Leben nicht mehr unter Kontrolle. Bullshit! Ich trage Jogginghosen, seit ich das Licht der Welt erblickt habe. Und es gab viele Phasen, in denen ich mein Leben absolut unter Kontrolle hatte.

Außer wenn ich verliebt war. Da fing ich an, sie zu verlieren.

Natürlich kann es schön sein, mal außer Kontrolle zu sein. Du kannst dich überraschen lassen, du weißt nicht, was als Nächstes passieren wird. Aber wenn du mitten im Liebeskummer steckst, gerät dein Leben ECHT out of control! Das kann sich auf deinen Beruf auswirken, deine Gesundheit, deine Optik, dein Verhalten. Du bist schneller genervt. Der Umgang mit Menschen macht dir keinen Spaß. ER bestimmt deine Launen. Denn wäre mit ihm alles cool, wärst du ja glücklich und alles würde Spaß machen.

Genau das ist das Problem: Wir haben uns abhängig gemacht. Verliebt sein ist wie eine Sucht. Drunk in love.

Hat dir das gutgetan? Anfangs: Ja. Jetzt, wo Schluss ist: Nein. Und das sieht man dir an. Du bist frustriert. Du kannst keine Pärchen mehr sehen. Du denkst, keiner versteht dich.

Deine Augenbrauen sind zu einem Nike-Zeichen zusammengezogen. Dein Oberteil passt nicht zum Unterteil. Dein Haar, einst eine wunderschöne Löwenmähne, besteht nur noch aus einem zerzausten Knoten. Vorher hattest du keine Falten, aber durch den Liebeskummer hast du welche gekriegt. Du bist eins mit deiner Couch. Du fängst an Gelüste zu entwickeln. Deine Ernährung ist beschissen, du isst alles, was nicht gut für dich ist. Vor allem Unmengen Zucker. Du trinkst viel zu viel Kaffee, weil der warme Becher in der Hand dir das Gefühl gibt, dass du nachdenken und relaxen kannst. Stimmt nicht! Wasser wäre viel besser. Aber das guckst du nicht mal an. Wir wollen gar nicht erst von Körperpflege reden. Einmal in der Woche? Reicht doch, denkst du.

Liebeskummer ist eine Krankheit, die bis zu einer Depression führen kann. Sie kontrolliert dein Leben, und sie macht vieles kaputt. In deinem Job, in den zwischenmenschlichen Beziehungen, bei den nächsten Männern, die du triffst. Das Leben wird stückchenweise aus dir rausgesaugt. Dementsprechend siehst du aus: abgemagert oder vollgefressen, schlechte Haut, strohige Haare. Du fühlst dich einfach nur hässlich. Und du hasst Menschen. (Okay, ich hasse Menschen eigentlich immer, aber wenn ich Liebeskummer habe, hasse ich sie noch mehr.) Vor allem Verliebte. HASS!

Wenn ich Liebeskummer habe, gebe ich Unmengen Geld aus. Ich habe sogar schon mal in einem Baumarkt ein Oberteil gekauft, so eine Männer-Karo-Jacke. Was ist?! Ich BRAUCHTE diese Jacke!

Außerdem tut mein Bauch weh. Ich habe überall Wehwehchen. Weil ich falsch liege, falsch schlafe, falsch esse, falsch atme, falsch denke. Nur wegen meinem Kummer.

Und wer hat ihn ausgelöst: ER. Warum? Er will mich nicht. Es ist alles eine KETTENREAKTION!

Neulich habe ich entdeckt, dass mir während einer Phase des Liebeskummers ein graues Haar gewachsen ist. MIR IST EIN GRAUES HAAR GEWACHSEN! An einer Stelle, die ich lieber nicht näher benennen möchte. Wow, dachte ich, ist es jetzt so weit? Ich hatte davon gehört, von dieser »Grauzone« ... Ich schwöre, so schnell bin ich noch nie zu dm gerannt!

Durch Liebeskummer kommen wir auf sehr dumme Ideen. Einmal wollte ich mir für 2.000 Euro eine Gucci-Hose kaufen. Ich dachte, das muss jetzt sein. Weil ich ein trendiges Mädchen bin! Und weil diese Hose allen zeigt, dass es mir gut geht. Gleichzeitig wollte ich einen Hundewelpen adoptieren. Ich wollte etwas Gutes tun. Dann habe ich mich doch für eine Katze entschieden. Zum Schluss war es ein Fisch. Auf einmal fiel mir ein, dass Tiere doch besser in Freiheit leben sollten. Also habe ich versucht, eine Tierschutzorganisation zu finden, der ich beitreten kann. Ich fing an zu googeln, aber das wurde schnell langweilig. Plötzlich habe ich mir aber gedacht: Ich brauche sofort ein neues Projekt! Seine neue Freundin. Ich habe sie gestalkt. Als Nächstes habe ich beschlossen, ich will mein Leben komplett ändern. Ich werde meine Wohnung kündigen und nach Ibiza ziehen. Das alles ist an einem einzigen Nachmittag passiert. Es ging so lange, bis ich von meinen ganzen Ideen so müde wurde, dass ich eingeschlafen bin. Mit Mund offen und der Sabber lief raus.

In einer Krise suchen wir verzweifelt nach einem Neuanfang. Das Problem bei uns Frauen: Wir wollen den Neuanfang SOFORT. Wir haben überhaupt keine Geduld. Wir haben viel Geduld mit anderen Menschen, nur mit uns selbst nicht. Dabei ist es so wichtig, dass du deinen Kummer geduldig durchlebst. Du kannst nicht einfach die Phasen des Liebeskummers überspringen. Heute macht dein Freund Schluss und morgen hast du schon deinen Mr. Right getroffen und ihr habt zwei Kinder? So läuft das nicht. Wer dir das verspricht, der lügt.

Du wirst Schmerzen durchmachen müssen.

Es fängt langsam an. Du bist lustlos, sperrst dich zu Hause ein. Du guckst dich an, deine Körperbehaarung ist in vollem Gange. Du hebst die Arme und merkst, oh Gott, das sind gar nicht meine Extensions! Du hörst Musik und verstehst zum ersten Mal die Songtexte. Erst singst du leise mit, dann lauter. Adele, die Queen des Herzschmerzes, läuft in Dauerschleife: *When will I see you again, you left with no goodbye, not a single word was said...* Du stehst auf, drehst die Musik auf: *But don't you remember, don't you remember?* Dann schreist du es richtig raus: THE REASON YOU LOVED ME BEFORE... (Das Endlevel ist erreicht, wenn du den Songtexten antwortest.)

Da ist er, der Liebeskummer. Und wir wissen beide: Er wird grausam.

Am schlimmsten ist es nachts. Wenn eure Chatverläufe deine Gute-Nacht-Geschichten sind. Wenn du sie dir immer wieder durchliest und dich fragst, ab wo es schiefgelaufen ist. Du wünschst dir nur eins: Bitte RUF MICH AN. Deine meistgestellte Frage ist: Warum ich? Warum passiert das immer mir?

Sein Online-Status ist dein Leben. Wenn er online ist, bleibt dein Herz stehen. Du denkst, jetzt endlich schreibt er dir. Aber das tut er nicht. Mit wem schreibt er dann? Bestimmt mit der Hässlichen ... Dann geht er offline und du hast nur einen Gedanken: Jetzt trifft er sich mit IHR.

Deine armen Freundinnen. Egal, was sie sagen, es passt dir nicht. Wenn sie dich bestärken, hilft es dir nicht, wenn sie dir widersprechen, hilft es dir auch nicht. Wie oft hast du ihnen die Geschichte erzählt? Bestimmt 100.000 Mal. Eigentlich können sie sie synchron mitsprechen. Aber sie tun immer noch so, als hörten sie die Story zum ersten Mal.

Es gibt keinen Zeitrahmen für Liebeskummer. Jedes Herz hat einen anderen Rhythmus. Finde deinen. Du kannst dein Herz mit einem Song vergleichen: Jeder hat seinen eigenen Song und jeder singt ihn anders. Mein Song ist nicht dein Song. Unser Schmerz ist derselbe, trotzdem haben wir unterschiedliche Textzeilen. Die meisten Songs gehen 3:30 Minuten – nicht drei Jahre. Gib dir diese Zeit. Deine drei Minuten dreißig.

Aber tauch irgendwann wieder auf aus deinem Kummer. Ich weiß, das ist einfacher gesagt als getan. Meine Großmutter hat immer gesagt: Selbst wenn du denkst, es wird nie wieder gut – doch! Irgendwann geht es vorbei. Eines Tages wirst du darüber lachen.

Ich glaube nicht, dass die Zeit alle Wunden heilt. Es bleiben Narben und erinnern dich an den Schmerz. Aber irgendwann gefällt dir die Narbe. Weil sie zu deinem Leben gehört. Kratz sie nicht auf, lass sie in Ruhe. Wenn du dich an den Schmerz erinnerst, tu das mit einem Lächeln. Shit happens. Mein Gott, ich war so bescheuert! Wie oft habe ich gesagt, dass es diesmal der Richtige ist. Und, BOOM!, war er doch bloß der Zwilling von den Losern, die ich schon hatte.

Liebeskummer ist kein cooler Stress. Aber du bist damit nicht alleine. Ich habe dieselbe Scheiße erlebt. Auch wenn jeder, der mich sieht, denkt: Sie hat doch alles. Das stimmt nicht. Es gibt auch in meinem Leben Augenblicke, in denen ich verzweifle. Augenblicke, in denen ich Hoffnung habe und die Hoffnung wieder stirbt.

Ich bin genau wie du, ich unterscheide mich nicht von dir. Aber meine Therapie ist es, alles laut auszusprechen. Irgendwann habe ich aus meinen Erfahrungen und Erlebnissen Stand-up-Comedy gemacht – und nun sogar ein Buch. Ich wünsche mir, dass du durch dieses Buch eine kleine Hilfestellung bekommst. Du kannst vor- und zurückblättern und gucken: Wie war das bei ihr? Wie ist sie über den Liebeskummer hinweggekommen? Ich verspreche dir: Die Stimmen in deinem Kopf, die dir einreden, dass du ihn vermisst und dass es doch so schön wäre, wenn er wiederkommen würde – diese Stimmen werden leiser. Wenn ich es schaffe, wieder glücklich zu sein, schaffst du es auch.

Denn glaubt mir: Es fühlt sich an, als hätte ich wirklich JEDES ARSCHLOCH dieser Welt gehabt.

Es geht nicht darum, dass ihr beim Lesen irgendeine Lektion lernt – nein, ihr sollt einfach nur erkennen, dass ihr auf euch aufpassen müsst. Behandelt euch gut, dann werdet ihr gut behandelt. Das habe ich zwar nicht erfunden, aber ich habe es durchlebt. Weil es Zeiten gab, in denen ich mich selbst nicht gut behandelt habe.

Dieses Buch ist für die gebrochenen Herzen da draußen, als kleines Geschenk. Als Dankeschön für die Liebe, die IHR mir in den letzten Jahren geschenkt habt. Vielleicht hilft euch das Buch, mit Liebeskummer ein bisschen besser umzugehen. Ich kann euch nicht versprechen, dass ihr damit euren Traummann oder eure Traumfrau findet. Aber eins weiß ich: Ihr werdet euch selbst finden und ihr werdet glücklich sein.

- 1 -

DIE 7 PHASEN DES LIEBESKUMMERS

Der Liebeskummer hat angeblich vier Phasen: Das Nicht-wahr-haben-Wollen, die Trauer, die Wut, die Akzeptanz. Ich sage: Das ist Bullshit. Es gibt mindestens sieben Phasen.

1. Phase: Er macht gar nicht richtig Schluss. Er kommt nur mit billigen Sprüchen. Das ist die Es-liegt-nicht-an-dir-es-liegt-an-mir-Phase. In der du dich fragst: Häh? Was? Wo ist eigentlich das Problem?

2. Phase: Du besprichst alles mit deinen besten Freundinnen. Ihr überlegt, was das zu bedeuten hat …

Wir Frauen müssen endlich mal kapieren: Es muss nicht immer alles etwas zu BEDEUTEN haben! Wenn ein Vogel dir auf die Schulter kackt, sagt man: Oh, das bringt dir Glück. Nein! Es heißt nur, dass ein Vogel dich angekackt hat. Punkt. Wenn dein Spiegel runterfällt, heißt das nicht, dass du sieben Jahre lang Pech haben wirst – sondern nur, dass dein Spiegel fucking kaputt ist. Du solltest also schleunigst einen neuen kaufen.

Aber was machen wir Frauen? Wir analysieren: Was hat er gesagt? Wie sah er aus? Wie war der Ausdruck in seinen

Augen? Wir besprechen alles bis ins kleinste Detail. Wir beschreiben sogar, wie seine Nasenhaare gelegen haben! DAS ÄNDERT ABER NICHTS AN DEN FAKTEN.

3. Phase: Die Stalking-Phase. Stalken gehört zum Liebeskummer absolut dazu. Da musst du durch, ganz klares Ding. Du kannst es nicht unterdrücken, du wirst es so oder so machen. Es ist wie mit einer guten Serie. Du sagst dir jeden Tag, nein, ich darf nicht so viele Folgen auf einmal gucken! Ich muss mir was aufheben. (Bei jeder von uns ist das unterschiedlich – aber ich gucke definitiv immer ZU VIEL.) Eine meiner Lieblingsserien war *Empire*: Die erste Staffel war Bombe, die zweite okay, ab der dritten war ich raus. So sollte es auch mit dem Stalken sein. Irgendwann muss Schluss damit sein.

4. Phase: Durch das Stalken hast du rausgefunden, dass es nicht an dir liegt, sondern an einer anderen. Jetzt entwickelst du Hass. Diese Phase ist kurz und knapp. Du wünschst ihm alles Gute, aber eigentlich wünschst du ihm alles andere als Gutes. (Er soll noch hässlicher werden.)

5. Phase: Du kommst in die ADHS-Phase. Du willst ihm zeigen, was er nicht mehr bekommt. Wir können das auch die Ibiza-Phase nennen. Du zeigst der Welt, wie gut es dir geht und dass du wieder auf dem Markt bist!

6. Phase: Das ist die entscheidende Phase. Denn er wird sich noch mal melden. Gerade dann, wenn du richtig gut aussiehst, unabhängig bist und an dem Punkt angekommen bist, wo du denkst: Fick dich! DANN meldet er sich. Und du lässt dich überzeugen und sagst: Alles klar, wir versuchen es noch mal. Dabei will er in Wahrheit nur rausfinden, ob er dich noch mal ins Bett bekommt. Wenn er dich wirklich ins Bett bekommt, landest du wieder bei Phase 1: Was ist los mit ihm? Warum ruft er mich nicht an?

7. Phase: Wenn du die 6. Phase endlich überwunden hast, weil du Nein zu ihm gesagt hast, kommst du endlich bei Phase 7 an. Das ist der letzte Schritt. Die Selbsterkenntnis. Du findest zu dir selbst zurück.

Diese Phasen können sieben Minuten dauern, sieben Stunden, sieben Tage, sieben Wochen. Im schlimmsten Fall bis zu sieben Jahren. Es liegt an dir, an deiner Persönlichkeit. Bei mir sind es eher Wochen – zum Glück aber keine Jahre.

Wenn du merkst, du bist bei Phase 3, weißt du, es kommen noch die 4, 5, 6 und 7. Aber dann ist es geschafft. Außer du würfelst bei Phase 6 falsch, gehst mit ihm ins Bett, und fängst wieder bei 1 an. Leider ist es wie bei Monopoly. Es kann dir passieren, dass du zurück auf Los musst.

Du darfst das mit den Phasen natürlich nicht wortwörtlich nehmen. Jeder hat seinen eigenen Rhythmus. Es ist richtig, sich Zeit zu geben. Wenn du aber selbst schon merkst, dass du es übertreibst – dann zwing dich, aufzuhören. Es ist genauso wie mit Schokolade. Wir alle lieben Schokolade. Weil die erste Packung so gut geschmeckt hat, machst du gleich noch eine zweite auf. Okay, gib dir die zweite. Aber die dritte? Und die vierte? Ganz ehrlich, das macht dein Bauch irgendwann nicht mehr mit. Deine Haut auch nicht. Hör auf, übertreib es nicht! Die vierte Tafel schmeckt doch eh nicht mehr. Die isst du doch nur, weil du sie schon angefangen hast.

Auch Adele muss irgendwann weg. Muss eingetauscht werden gegen Destiny's Child: I'M A SUVIVOR! Unbedingt!

Du musst deine Grenzen kennen. Das geht nur, wenn du auf dich hörst. Wenn du keinen Schlaf kriegst, wenn deine Haut beschissen aussieht, wenn deine Haare nicht liegen und du keinen Style mehr hast – dann hast du ein Problem. Du hast es übertrieben. Dann solltest du schleunigst mit dem aufhören, was du gerade machst. Du trinkst ja auch nicht deinen 15. Kaffee mit zitternden Händen, obwohl dein Herz schon so rast, dass du gleich in die Notaufnahme musst.

Mach alle Phasen durch, aber jede nur einmal. Es ist genau wie bei einer Grippe. Die kannst du auch nicht mit Grippostad kurieren. Du musst flach auf der Couch liegen, ohne Medikamente, du musst schlafen und dich von deiner Mama pflegen lassen. Nach drei Tagen hat der Körper es dann geschafft. Er hat sich selbst geheilt.

So ist es auch mit deinem Liebeskummer. Ich sage nicht, dass du von heute auf morgen wieder glücklich bist. Du musst geduldig sein. Aber unterdrück den Liebeskummer nicht! Das ist nicht gesund. Im Gegenteil. Das kann – wie bei einer Grippe – richtig aufs Herz gehen. Leg dich ins Bett, guck dir *Titanic* an, wünsch dir, dass Jack diesmal überlebt. Weine, weil er doch wieder stirbt. Es geht dir nicht gut, und das ist vollkommen in Ordnung. Aber hey, füll mit deinen Tränen nicht den Ozean. Das war der Typ doch gar nicht wert. Er ist doch nur einer von vielen. Er ist nicht DER eine.

Am Anfang tut es dir gut, mit deinen Freundinnen darüber zu reden, aber es wird die Zeit kommen, wo sie dir mit ihrem *Und?* auf die Nerven gehen.

UND, was machst du jetzt?
UND, hat er sich gemeldet?
UND, hast du ihn gesehen?

Merk dir: Wenn du nervös bist, werden deine Freundinnen auch nervös. Wenn du in Panik bist, geraten sie auch in Panik. Sie sind unter Druck, dadurch kommst du noch mehr unter Druck. Außerdem geben sie dir falsche Ratschläge. Du kannst ihnen dafür gar nicht böse sein. Du hast sie doch in Phase 2 die ganze Zeit zugequatscht.

Hör damit auf. Erzähl nur das Nötigste. Und sag deinen Freundinnen, dass sie aufhören sollen, ständig nachzufragen. Wenn du eine Grippe hattest, fragen sie dich ja auch nicht noch ein halbes Jahr lang jeden Tag: *Wie geht's dir heute? Bist du noch schwach? Magst du noch einen Ingwertee? Hast du abends noch mal Fieber bekommen?*

Nicht falsch verstehen: Deine Freundinnen sind die besten Frauen der Welt, aber sie handeln aus Liebe und aus Wut, sie wollen ihm aufs Maul hauen. Genau darum sind sie unsere besten Freundinnen: Wer dir wehtut, tut auch IHNEN weh.

Pack lieber deine Koffer und flieg nach Ibiza. Hau ab. Und nimm deine Single-Freundinnen mit. Nimm deine Samantha aus *Sex and the City* mit. Du musst abgelenkt werden, also musst du mal weg. Ich sage nicht: Geh rumvögeln. Du musst dir keinen One-Night-Stand suchen. I'm sorry, ich bin mir dafür viel zu schade. Macht für mich keinen Sinn. Wir Frauen, die eine Beziehung haben wollen, denen schon wehgetan wurde – wir sind keine für einen One-Night-Stand.

Verreisen ist besser als hierzubleiben, wo jede Wand und jeder Ort dich an ihn erinnert. Wo du den ganzen Tag aufs Handy starrst und hoffst, dass er anruft. Genieß lieber dein Leben. FLIRTE! Push dein Ego, zieh nur Bikinis an, werd braun! Es ist unfassbar, was so eine Vitamin-D-Bombe mit dir macht! Wenn du wiederkommst, wird es dir besser gehen. Keiner sagt, dass du komplett vom Liebeskummer befreit bist. Aber du wirst dich besser fühlen.

Und geh raus, mach die geilsten Fotos von dir. Er soll STERBEN! Er soll SEHEN, dass du ohne ihn schöner, besser, erfolgreicher bist und dass es weitergeht in deinem Leben. Wozu gibt es denn Instagram? Zeig, dass es dir super gut geht: Ich habe keine Probleme! Ich liebe meinen Körper und ich liebe es, frei zu sein! Und benutz Hashtags: #Iamsosinglerightnow!

Ich habe das alles gemacht – und natürlich hat er sich wieder gemeldet. Wenn das passiert, musst du HART bleiben. Schenk ihm keine Aufmerksamkeit, auch nicht, wenn er bettelt. Ja, es gibt die Ausnahme. Wenn er vor deiner Haustür steht und sagt: »Ich habe nachgedacht, es war ein Fehler. Hier ist der Ring, ich will, dass du die Mutter meiner Kinder wirst.« Aber wenn DAS nicht passiert, brauchst du ihn nicht mehr. Denn er schläft nur mit dir und ruft dich danach nicht wieder an. Du fängst von vorne an, Phase 1, 2, 3. Wieder stundenlang mit deinen Freundinnen reden, wieder stalken, wieder Hass, wieder wegfliegen. Und Ibiza ist echt teuer! Das kannst du nicht dauernd machen.

Deshalb: Egal, was kommt, schlaf nicht mit ihm! Denn du kriegst nur dasselbe wie vor einem Jahr. Dieselben Kopfschmerzen, dieselbe endlose Geschichte.

Doch selbst wenn du in Phase 7 ankommst, heißt das nicht, dass es nicht wieder passieren kann. Liebeskummer wird dir wieder zustoßen. Weil die Liebe nicht ausstirbt. Weil das Verknalltsein nicht ausstirbt. Und weil die Fuckboys nicht aussterben. Aber du wirst weiser und die Phasen werden kürzer. Als ich Ende zwanzig war, habe ich mich ein Jahr lang mit Liebeskummer gequält. Jeden Tag derselbe Schmerz, jeden Tag dasselbe Stalking. Das passiert mir heute nicht mehr!

Was noch hilft, die Phasen zu verkürzen? Wenn ich Liebeskummer hatte, habe ich mir meine Erfolge angeschaut. Das hat mich gestärkt. Du musst dafür kein Superstar sein, du hast trotzdem viele Erfolge im Leben. Ob es eine Ehrenurkunde beim Sport ist, eine gute Note in der Schule, eine Beförderung im Job oder ein Bild, das du gemalt hast, ein schöner Augenblick, den du erlebt hast. Egal! Jeder Mensch erlebt aufregende Momente. Daran musst du dich erinnern.

Es geht nicht darum, das Herz komplett abzuhärten. Das wäre doch viel zu schade! Lieben ist so geil – und Männer sind super und das Gefühl, verliebt zu sein, ist der Hammer. Du sollst nicht zum Eisblock werden. Dein Herz kann nicht überleben in Kälte. Es soll weiter schlagen, nach seiner eigenen, schönen Melodie. Aber sei ein bisschen vorsichtiger. Dein Herz kann in Zukunft ruhig Security kriegen.

Es muss natürlich gute Security sein. Scheiß Security sagt: *Du kommst hier nicht rein, nur für Stammgäste!* Aber Security, die erst mal fragt: *Woher kommst du, wer bist du, was sind deine Absichten?* Das ist gute Security. Bevor der Typ eintritt, sagt sie zu ihm: *Ich beobachte dich, weil du neu bist. Wenn du Scheiße baust, fliegst du raus und kommst hier nie wieder rein.* Vergleich dein

Herz mit einem guten Club. Du betreibst keine Bruchbude, du bist ein Edelclub. Und deine Security sollte die beste in der ganzen Stadt sein.

Aber wie man es auch dreht: Kummer kann man nicht verhindern, er gehört dazu. Das ist das Gleichgewicht des Lebens. Glück und Leid, Liebe und Liebeskummer, das gehört zusammen. Wenn du NIE WIEDER Liebeskummer haben willst, musst du dein Herz rausschneiden und in einem Museum ausstellen. Dann ist dein Leben aber nur noch eine »Es war einmal«-Geschichte: Es war einmal vor vielen Jahren, da lebte eine Prinzessin. Sie verliebte sich, aber er war ein Arschloch, und seitdem hat sie niemanden mehr in ihr Herz gelassen. Jetzt lebt sie allein in ihrem dunklen Schloss. Das willst du nicht! Du willst doch die »Und wenn sie nicht gestorben sind, dann leben sie noch heute«-Geschichte werden.

- 2 -

WENN ER DICH WARTEN LÄSST

Woran merkst du, ob ein Typ noch was anderes am Laufen hat?

Ganz einfach: Am Anfang gibt er hart Gas, ruft dich an, will facetimen, will jede Minute wissen, wo du bist. Dann bricht das total ab. Im einen Moment möchte er dir noch den Himmel auf Erden schenken. Dann plötzlich ist er *lost and not found*. Verschwunden. Mal will er dich gleich morgen heiraten – mal überlegst du, ob du bei »Vermisst« anrufen solltest, um ihn zu finden. Manchmal hast du das Gefühl, er hat dich auf seinem Handy blockiert. Denn so intensiv wie er da ist, ist er auch weg. Wenn du Gas gibst, antwortet er nicht. Oder er ist auf einmal zurückhaltend und komisch. Dieses Verhalten wechselt in kurzen Zeitspannen, innerhalb von Wochen? Launisches WhatsApp nenne ich das.

Wenn es so ist, kannst du sicher sein, dass der Typ noch was anderes am Laufen oder eine andere Geschichte noch nicht beendet hat. Was es ist, wie es ist – *I don't care*. Aber ich weiß, der Typ tritt mit einem dicken Paket voller Altlasten in mein Leben. Und das ist nicht cool! Denn automatisch denkt jede Frau jetzt: Was ist los? Liegt es an mir? So verlieren wir an Selbstbewusstsein.

Ab diesem Moment machen wir einen entscheidenden Fehler. Wir denken: Ich werde mich so verhalten, dass er sich nur noch auf mich konzentriert. Damit das andere, was er am Laufen hat – *what ever that is* –, für ihn uninteressant wird.

FALSCH!

Mein Rat ist: Mach einen Cut, gleich hier. Denn am Ende des Tages wirst du die Leidtragende sein. Weil du dir Hoffnung machst, weil du Erwartungen entwickelst. Von diesem Typ kannst du aber nichts erwarten. Wenn du weiter hoffst und weiter wartest, wird es nur immer schlimmer.

Wenn du auf den Typen wartest, kannst du nicht schlafen, du denkst dauernd darüber nach, kriegst Migräne. Es geht dir nicht gut. Deine Laune ist von seinen Nachrichten abhängig. Das möchte ich nicht! Deswegen, noch mal: Mach einen schnellen Cut! Denn selbst wenn der Typ mal da ist, ist er nicht wirklich da. Er ist immer weg oder woanders. Du wirst immer Angst haben ihn zu verlieren. Willst du ständig mit dieser Angst leben?

Normal ist das nämlich nicht. Normalerweise solltest du gar keine Angst haben, dass er gleich wieder aus deinem Leben verschwinden könnte. Eigentlich ist eine Beziehung am Anfang nämlich überhaupt nicht kompliziert. Aber das hier ist keine Beziehung, das ist nur Zeitverschwendung. Du hast dir in deinem Kopf eine Illusion aufgebaut, die aber nicht wahr werden wird. Denn er ist nicht bereit für eine Beziehung. Woran du das erkennst? Er hat die freie Wahl – und entscheidet sich immer wieder dafür, dich warten zu lassen.

Warten ist aber SCHEISSE. Ich warte ja nicht mal auf einen Bus.

Stell dir vor, du willst mit einem Bus fahren. Du gehst pünktlich zur Haltestelle. Du hast alles geplant, aber der Bus kommt einfach Stunden zu spät. Du würdest dich aufregen, oder? Und du würdest versuchen, auf andere Art an dein Ziel zu kommen. Laufen. Oder ein Taxi nehmen.

Warum handeln wir bei Männern nicht auch so? Bei einem Bus müsste man sich ja noch nicht mal aufregen. Scheiß drauf, passiert eben. Aber wenn ER dich warten lässt, solltest du dich aufregen. Denn es geht um dein Leben! Womöglich wartest du jahrelang und verpasst dabei das Beste. Die Zeit, in der du fit bist, reisen willst, lieben willst, erfolgreich sein willst – diese Zeit verpasst du, weil du auf IHN wartest? Bist du bescheuert? Es wird eine Zeit kommen, in der du das alles nicht mehr kannst. Willst du im Alter zurückblicken und dich fragen, warum du, als du jung warst, deine Zeit mit Warten verschwendet hast?

Das Problem ist: Wir verwechseln unser verletztes Ego mit Liebe. Wenn du wartest, ist es dein fucking Ego, das dich gerade fernsteuert. Das hat nichts mit Liebe zu tun. Es bringt auch nichts. Liebeskummer ist ein Arschloch. Der Typ ist ein Arschloch. Aber das größte Arschloch trägst du in dir selbst – und das ist DEIN GEKRÄNKTES EGO.

Ihr glaubt mir nicht? Ich habe alle Versionen durchprobiert.

Erste Version: Ich warte.
Zweite Version: Ich warte auf gar keinen Fall!
Dritte Version: ... aber er ist so süß ...

Ich sage euch, die einzige Version, die funktioniert, ist die: Fick dich! Ich warte nicht. Auf gar keinen Fall. Auf was denn auch? Ich habe nicht genug Zeit. Das hat nichts mit dem Alter zu tun. Du hast mit 25 keine Zeit zum Warten. Und nicht mit 17. Du hast als Frau IMMER etwas Besseres zu tun. Mit 17: deine Schule, deine Freunde, deine zukünftige Ausbildung. Das Leben fängt ja gerade erst an! Mit 25 hast du vielleicht schon einen Job, verdienst Geld, bist unabhängig. Und ich brauche wohl nicht zu erklären, wie die Lage für eine Frau Mitte oder Ende 30 ist. Da hast du gar keinen BOCK mehr zu warten. Ich warte auf meine ersten grauen Haare, aber nicht mehr auf Männer.

Meine Einstellung: Warum soll ich auf dich warten, wenn ich in derselben Zeit mit meiner Freundin nach Ibiza fliegen kann? Und glaub mir, auf Ibiza lassen die Typen uns nicht warten!

Eine kleine Geschichte zum Thema Warten: Eine Freundin von mir hat mal einen Mann kennengelernt. Erst hat er Gas gegeben, dann ist er wieder abgetaucht. Einmal war er in derselben Stadt wie sie, konnte sich aber angeblich nicht mit ihr treffen. Seine Ausrede: Er hätte zwei Termine und sein Koffer sei im Flieger nicht mitgekommen, deshalb hätte er mega Stress. Meine Freundin hat darauf nicht geantwortet. Was hätte sie auch schreiben sollen? Dann soll er doch lieber sagen, verpiss dich oder nerv mich nicht. Aber absagen wegen einem Koffer? Alter, du hast ein Portemonnaie und einen gesunden Menschenverstand. Dann gehst du halt ins Kaufhaus und kaufst dir neue Sachen. Du bist ein Mann, du brauchst weder Make-up noch Hairstyling noch musst du deinen Körper enthaaren. So viel kann das also nicht sein.

Wenn eine Frau ihren Koffer verliert, ist das eine Katastrophe. Weil sie dann keinen Rasierer hat und unter ihren

Klamotten leider aussieht wie ein Perserteppich. Und krieg mal SPONTAN einen Termin beim Waxen! Außerdem stimmen ihre Haare nicht, weil sie nicht ihr eigenes Shampoo benutzen kann und auch nicht ihren Föhn. Föhn dich mal mit einem HOTELFÖHN! Geht nicht! Außerdem ist ihr Makeup nicht da. Soll sie wie ihr eigener Bruder zum Date gehen?

Eine Frau hätte Ausreden. Aber sie braucht sie gar nicht. Denn wir Frauen lassen uns die Haare glätten, kriegen nebenbei ein Kind, regeln unsere Scheidung – und machen es trotzdem möglich, uns mit IHM zu treffen!

Wenn ein Mann mit solchen Ausreden kommt, setzt er dich auf die Warteliste. Diese Liste ist für Frauen bestimmt, die er noch nicht hatte, aber gerne haben möchte. Für die zukünftigen Trophäen. Wenn ein Mann eine Frau nämlich WIRKLICH sehen will, macht er es möglich. Selbst wenn er seinen Ausweis verloren hat, seine Aufenthaltsgenehmigung abgelaufen ist, er mit einem Bein schon im Knast steht – er wird sich mit dir treffen! Wenn er aber noch andere Geschichten am Laufen hat, die nicht erledigt sind, dann landest du auf seiner Liste. Und glaub mir, neben dir warten noch andere. Du bist eine von VIELEN, nicht die eine.

Du kannst dir das so vorstellen: Du sitzt auf einer grünen Couch. Rechts und links andere Weiber. Da ist die Jenny mit den Plastiktitten. Sabrina. Fatma. Ayse. Katharina. Jasmin. Alle sehen unterschiedlich aus. Die eine wie eine Nutte, die andere wie eine Büroangestellte, die dritte wie ein Groupie. Es ist laut, alle quatschen gleichzeitig. Du sitzt mittendrin und fragst dich: WAS MACH ICH HIER? Das ist sein WhatsApp-Verlauf. Ein fucking Frauentreff. Ein Harem, den er sich aufgebaut hat.

Deswegen musst du genau hier und jetzt ein Zeichen setzen: Vergiss es. Schade – aber erledigt. Es ist das Beste, was du machen kannst. Denn wenn es schon am Anfang so läuft, wird das mit euch niemals eine exklusive Sache. Je schneller du einen Schlussstrich ziehst, umso besser.

- 3 -
DIE 48-STUNDEN-REGEL

Wenn du gerade in der Situation steckst, wo der Typ sich erst nonstop gemeldet hat und dann lässt das nach – und plötzlich bist du diejenige, die ständig schreibt und wartet, kann das natürlich verschiedene Gründe haben:

1. Grund: Ganz klar, er hat mindestens noch eine oder sogar mehrere andere Geschichten am Laufen. Es hat auf jeden Fall etwas mit einer Frau zu tun. ES IST NICHT SEINE ARBEIT. Nie! Oder zumindest ist der Fall sehr selten. Der Typ müsste schon mindestens Batman sein und die Welt retten müssen. Doch wenn ein normaler Mann dich sprechen möchte, kann er sogar in Pakistan ohne Internet sein – er wird dich erreichen.

2. Grund: Die Beziehung, in der er noch steckt, ist gerade am Scheitern – aber noch nicht ganz vorbei. Deshalb meldet er sich mal intensiv und mal nicht.

3. Grund: Die Beziehung ist sogar noch in Ordnung, aber die Frau ist phasenweise weg. Verreist. Bei der Arbeit. Oder sie gibt ihm nicht die gewohnte Aufmerksamkeit. Habe ich auch schon erlebt. Immer wenn die Frau unterwegs war, hat er sich krass gemeldet. Wenn die Frau zu Hause war, hat er sich gar nicht gemeldet.

4. Grund: Er will spielen. Auch Männer wollen spielen – aber nur die Arschlöcher.

5. Grund: Wenn er schlagartig aufhört zu schreiben, könnte es daran liegen, dass Gerüchte über dich im Umlauf sind. Denn glaub mir, ein Typ informiert sich über dich. Genauso wie wir Frauen uns auch über ihn informieren. Männer machen das nicht so hart wie wir, denn WIR googeln ja sogar seine Vorfahren und Nachkommen. Aber er holt Informationen über dich ein. Es kann sein, dass sich dadurch sein Bild von dir verändert hat. Egal, ob die Gerüchte stimmen oder nicht. Das kommt aber eher selten vor.

Es gibt also verschiedene Theorien. Das Problem ist: Du weißt nicht, welche stimmt. Du merkst nur, irgendwas ist nicht koscher. Es läuft nicht gut, und das gibt dir ein schlechtes Gefühl. Du fühlst dich beschissen und fragst dich: Was soll ich tun?

Was habe ICH in dieser Situation gemacht? Richtig: Ich habe mir seine Textnachrichten durchgelesen und auf seinen Online-Status gestarrt. Dann habe ich eine Nachricht vorbereitet, die war 20 Seiten lang. Darin mache ich ihm so hart Vorwürfe, als wäre ich 20 Jahre mit ihm liiert und hätte vier Kinder mit ihm. Außerdem läuft in meinem Kopf eine permanente Diskussion. In meiner Vorstellung sehe ich sehr gut aus, meine Haare fliegen, als wäre da eine Windmaschine, ich habe ein unwiderstehliches Kleid an, mein Make-up ist *on fleek*. Wenn er mir widerspricht, unterbreche ich ihn. Und ich habe immer die besseren Argumente!

Vor diesen Tagträumen WARNE ich euch! Ich habe alles missachtet, was ich selbst predige! Aber ich habe die Nachricht zum Glück nie abgeschickt. Ich habe auch die Diskussion schnell wieder aus meinem Kopf gelöscht. (Außer das Kleid, das habe ich mir gekauft.)

Handle niemals aus dem Affekt heraus. Denn damit bin ich sehr oft hingefallen. Im Beruf, bei Freunden und auch meiner Familie. Ich hatte viele Verluste, weil ich in einem Moment zu emotional reagiert habe. Das ist scheiße, das darfst du nicht machen! Manchmal muss man sich sofort entscheiden. Aber wenn du die Chance hast, auch nur kurz zu überlegen, mach's doch. Keiner hat dir die Pistole an den Kopf gesetzt.

Triff niemals eine Entscheidung, wenn du wütend bist. Aus Wut sagst du Dinge, die du gar nicht so meinst. Weil du soooo verletzt bist, weil du die andere Person sooooo abartig liebst, willst du ihr unbedingt wehtun. Weil sie dir auch wehgetan hat.

MACH ES NICHT.

Du musst auch nicht JETZT entscheiden, ob du die WhatsApp-Nachricht, die so lang ist wie ein Bollywood-Film, an ihn abschickst. Wie wär's, wenn du noch mal eine Nacht drüber schläfst? Ich nehme mir sogar 48 Stunden – und schicke die Nachricht dann nicht ab. Obwohl ich, als ich sie geschrieben habe, sooooo überzeugt war. Du darfst nicht vergessen: Bei dem Gespräch, das du dir ausmalst, kommt er nicht zu Wort. In der Realität wird er dich unterbrechen. Oder weggehen. Oder auflegen. Das heißt, du wirst niemals die Genugtuung bekommen, wie du sie dir in deinem Kopf vorstellst. Deswegen lass es von vorneherein. Wenn du nach 48 Stunden immer noch genauso fühlst, tu es. Aber wenn nach zwei Tagen nur ein kleiner Zweifel da ist, tu's nicht. Glaub mir, du wirst sie nicht abschicken. Weil mittlerweile dein Stolz wieder da ist, weil du dir sagst, ach, das ist gar nicht nötig. Handle nicht übereilt.

Das ist die 48-Stunden-Regel.

Diesen Rat musst du dir selbst geben. Deine Freundin sagt sicher: *Schick ab!* Hör nicht auf sie. Du entscheidest! Und eine Entscheidung in neutralem Zustand ist immer besser als eine Entscheidung aus Wut. Oder wenn du gerade sehr verletzt bist. In einer emotionalen Phase kannst du nicht rational denken, weil alles bei dir auf 180 ist. Wenn du emotional am Abgehen bist, solltest du dein Handy zur Seite legen. Später wirst du deine Nachricht durchlesen und denken: War ich total bescheuert?

Außerdem liest sich sowieso kein Typ jemals diese langen Texte von uns Frauen durch. Ein Mann will nicht diskutieren. Er wird es NICHT LESEN, auch wenn du dir viel Mühe gegeben hast. Deine Freundin hat den Text noch mal korrigiert, hat hier einen Smiley rausgenommen, dort einen reingesetzt. Sie hat sogar die Kommasetzung gegoogelt! Er wird es sich trotzdem nicht durchlesen. Er wird es einfach löschen.

Jeder von uns macht diese Scheiße durch. Ich möchte einfach nur, dass ihr aus diesem fucking game gut rauskommt. Also SCHREIB IHM NICHT. Schreib ihm selbst dann nicht, wenn er sagt: *Ich stehe am Abgrund und bin bereit runterzuspringen, und du bist die Einzige, die mich retten kann.* Ich würde schreiben: *Spring doch.* Aber selbst das ist zu viel.

Ignorier ihn einfach, das ist Antwort genug. Und es ist die königlichste Antwort überhaupt.

Wenn ihr an diesem Punkt seid, ist es sowieso nicht mehr gesund. Es war mal schön, jetzt ist es nur noch ein Machtspiel. Es hat nichts mehr mit Liebe zu tun.

LÖSCH SEINE NUMMER!

Keine Sorge: Du wirst deinen Moment der Genugtuung noch bekommen. Wenn dieser Moment da ist, kannst du ihm sagen: *Ganz ehrlich, du bist eine Enttäuschung gewesen. Du warst wie die anderen. Habe ich alles schon gehabt. Ich will einen Mann und nicht dich. Du passt nicht zu mir. Mach dein Ding, ich wünsch dir alles Gute.* Adios. Damit schließt du mit dieser Kurzgeschichte ab. Das ist dieser Typ nämlich: eine Kurzgeschichte in deinem Leben. Nicht mal ein eigenes Kapitel.

Wenn du ihn ignorierst, wird er sich aber melden – hundertprozentig. Weil das seinen Jagdinstinkt weckt. Dann wird's interessant für ihn, dann fängt ER an, deinen Online-Status zu checken. Am Ende des Tages gibt es trotzdem nur eine richtige Entscheidung: Schick ihn zum Teufel. Selbst wenn er wieder anruft oder schreibt – du musst ihn des Todes ignorieren! Denn wenn du darauf eingehst, kannst du dir sicher sein: Er wird den Spieß bei der nächsten Gelegenheit wieder umdrehen. Weil er es kann. Weil du schon emotional gebunden bist. Für ihn ist es ein Spiel, für dich steht etwas auf dem Spiel. Deswegen wirst du verlieren. Selbst wenn er dir eine Zeit lang hinterherläuft.

Ausnahmen? Ja, gibt es. Eine Freundin von mir hat das eiskalt durchgehalten. Sie hat sich einen Ratgeber gekauft und ihren Fuckboy erzogen. Zum Schluss hat sie ihn geheiratet. Aber es hat sie sehr viele Nerven gekostet. Und sie musste viel Geld in Bücher investieren. Sie wurde zum Arschloch in der Beziehung. Hat sich weiter mit ihren Freundinnen getroffen, nicht auf ihr Yoga verzichtet, hat zu ihm gesagt: *Ich will nicht kochen, koch du doch.* Als sie ihn das erste Mal in ihre Wohnung gelockt hat, hat sie Nudeln vom Italiener geholt und sie ihm aufgetischt.

Sie hat einfach keine 100 Prozent mehr gegeben. Wir Frauen geben immer 100 Prozent. Diese Freundin steht auf dem Standpunkt: 50 Prozent reichen doch! Sie bestellt Essen, er sitzt verliebt auf ihrer Couch. Dasselbe Ergebnis – nur mit dem Unterschied: Wenn er sie versetzt hätte, hätte sie sich weniger geärgert. Weil sie ja nicht extra für ihn fünf Stunden in der Küche gestanden hat.

Männer hören auf, Dinge zu schätzen, wenn man ihnen von Anfang an alles in den Arsch schiebt. Ich bin sogar Männern hinterhergereist! Es ging um ein Date und ich habe es möglich gemacht. Weil ich das Geld hatte und die Ausdauer. Weil ich dachte: Was ist daran so schlimm? Doch, es ist schlimm!

Wir Frauen könnten es leicht haben. Gebt doch mal nicht alles. Lasst ihn doch mal machen. Macht euch locker. Ihr müsst auch nicht immer erreichbar sein.

Was wir auch mal kapieren müssen: Es gibt einen Unterschied zwischen Spielen und Flirten. Flirten macht Spaß. Spielen ist anstrengend. Es nimmt dir die Energie und bestimmt deine Launen. Beim Flirten geht's dir permanent gut, alles ist super. Beim Spielen bist du mal hoch oben und mal ganz unten. Das ist es, was dich durcheinanderbringt und dir die Energie raubt. Deswegen: Spiel nicht. Steig genau da aus, wo es fies wird. Wenn er tagelang online ist und nie antwortet – dann ist es ein dreckiges Spiel. Oder er will dich momentan einfach nicht. Wenn er ein Spiel mit dir spielen will, dann ist dein Beziehungsstatus: Fick dich.

Flirten dagegen macht Spaß, Flirten ist wie Schmetterlinge im Bauch haben. (Spielen fühlt sich eher an wie Verdauungsstörungen.) Ich hatte mal einen tollen Flirt in einem Restaurant auf Mykonos, völlig ohne Worte. Wir haben uns nur von Weitem angeguckt. Irgendwann hat er mir ein Getränk geschickt und mir vom Kellner ausrichten lassen, dass ich eine wunderschöne Frau bin. Das war's, mehr ist nicht passiert. Ich habe mich gut gefühlt, und am nächsten Tag war er weg aus meinem Kopf. Das nenne ich einen guten Flirt.

Am Anfang ist jeder neue Typ, mit dem wir flirten, ein potenzieller Kandidat. Wir Frauen haben eine blühende Fantasie. Wir stellen uns alles vor. So steigern wir uns in die Geschichten rein. Je länger wir mit ihm schreiben, desto größer und lauter und eindeutiger werden die Fantasien. Deshalb sind wir so hart enttäuscht, wenn es am Ende nicht abläuft, wie wir es uns gewünscht und vorgestellt haben. Wir sind eigentlich sauer auf unsere eigenen Fantasien, die er nicht erfüllt.

Männer lieben und denken ganz anders. Wenn eine Frau einen Mann kennenlernt, überlegt sie sofort: Wie könnte es sein, mit ihm zusammen zu sein? Er fragt sich am Anfang nur eins: Wie schnell bekomme ich sie ins Bett? So ist es einfach. Oder denkst du, er interessiert sich für deinen intellektuellen Gesichtsausdruck? Er will mit dir schlafen – und das ist auch völlig in Ordnung. Aber wenn er NUR das will, ist es nicht in Ordnung.

Entweder machst du es ihm leicht oder du machst es ihm

schwer. Im besten Fall machst du es ihm schwer. Wenn er *Hallo* zu dir sagt, und du sitzt schon auf ihm – dann wird er dich hinterher vermutlich nicht mehr anrufen. Wenn du hoffst, er stellt dich dann noch seiner Mutter vor – wird er nicht tun. Wenn du dir aber Zeit lässt (und ich meine jetzt mehr als 48 Stunden), hat er eine Chance, deinen Charakter kennenzulernen. Oder er wird schneller weg sein, als du *Hallo* sagen kannst. Weil er nur das Eine will und es ihm jetzt schon zu viel Arbeit ist. Auch gut, dann weißt du wenigstens frühzeitig Bescheid.

Sei keine Klette! Sei niemals anhänglich! Denk nicht mal an ihn. Verbann ihn aus deinem Kopf! Wenn du mich jetzt fragst: Wie soll ich das machen? Geh raus, triff dich mit jeder Freundin. Wenn du schlafen gehst, trink einen Schlaftee, damit du schnell einschläfst. Such dir ein Hobby. Trainiere dich zur Unabhängigkeit. Du wirst sehen: Wenn du nicht daran denkst, wird er sich melden. Das ist kein Hokuspokus! Das hat was mit Energien und Anziehungskräften zu tun. Ihr lacht, aber ich schwöre es euch: ER SPÜRT DIE KLETTEN. Wenn du loslässt, wird er sich melden.

Und dann ist dein Moment gekommen, dann bist du dran: DU MACHST NICHTS. Selbst wenn er Telefonterror macht, selbst wenn er dich anonym anruft – drück ihn weg. Hat er sich Mühe gegeben? NEIN! In deinem Kopf hast du dir das doch anders ausgemalt. Bis jetzt kam von ihm nichts, auf das du aufbauen kannst.

Du darfst das Maximum erwarten. Nicht das Minimum. Wenn er doch Mr. Right sein sollte, wird er vor deiner Haustür stehen. Er soll dich finden und begründen, warum er sich so bekloppt benommen hat. DU BIST NICHT SEINE

PSYCHOLOGIN! Er soll sich erklären. Er soll sich entschuldigen. Aber: Nicht du kletterst die Feuertreppe zu ihm hoch und gestehst ihm deine Liebe. Er muss sich beweisen. Er muss es sagen: *Ich will mit dir zusammen sein. Ich will eine Beziehung mit dir.* Dann kannst du euch eine Chance geben.

Alles andere ist: Bye, Fuckboy, bye.

- 4 -
ERSTE DATES

Ich weiß, was man alles falsch machen kann bei ersten Dates. Habe ich nämlich alles schon erlebt. Deshalb hier meine wichtigsten Regeln für euch:

Regel Nr. 1: Du siehst ganz »natürlich« aus

Du solltest etwas anziehen, das deine Reize zur Geltung bringt, aber trotzdem nicht so aussieht, als hättest du es so hart nötig oder als wolltest du nur mit deinem Körper punkten. Er denkt sowieso nur, wie er dich am besten und schnellsten ins Bett bekommt. Davon wollen wir ihn ja wegkriegen. Daher solltest du etwas tragen, das ihn nur erahnen lässt, wie es darunter aussieht. Zum Beispiel: eine schöne, enge Jeans mit einem engen Top ohne Ausschnitt, dazu High Heels. Das heißt, du bist schon zurecht gemacht. Aber nicht so, dass jeder denkt: *Oh mein Gott, sie hat dafür ZEHN STUNDEN gebraucht.* (Du hast natürlich trotzdem zehn Stunden gebraucht – aber das muss er ja nicht wissen.) Kurz gesagt: Casual.

Dann die Haare. Die müssen stimmen. Denn wenn du während des Dates zu oft an deinen Haaren rumfummelst, denkt er: *Was ist mit ihr los, ist die nervös, weil sie auf mich steht?* Wenn du schönes Haar hast, lass es offen. Wenn du nicht so schönes Haar hast, mach lieber einen Zopf. Hauptsache, du fummelst nicht.

Jetzt kommen wir zum Make-up. Zu viel Make-up schreckt Jungs ab. Aber ungeschminkt zum Date? Auf gar keinen Fall! Ihr wisst, ich bin ein Riesenfan von Make-up. Aber du musst es schaffen, diesen ganz schmalen Grat zu erwischen. Ich rede von diesem Make-up, das absolut natürlich aussieht. Du kannst deine Augenränder wegschminken, Puder und Rouge drauf machen. Aber lass die Wimpern weg. Nimm einfach viel Wimperntusche. Nicht zu viel Lidschatten. Hauptsache, deine Haut sieht ebenmäßig aus.

Die Typen nehmen das dann so wahr: Die ist ja gar nicht so hart geschminkt. Hast du eine Ahnung, Digga! DOCH, bin ich. Männer sind so leicht auszutricksen.

Noch was vergessen? Ja, die Augenbrauen! Deine Augenbrauen müssen stimmen. Sie sind der Rahmen des Gesichts. Je fülliger, desto fresher erscheinst du. Zusammengefasst: Wimperntusche, Augenbrauen, Haare offen (wenn toll), Haare zu (wenn nicht so toll), bisschen Rouge. Aber Achtung: Übertreib nicht mit dem Glow! Nur einen Hauch!

Dazu am besten Lippgloss. Keinen MATTEN Lippenstift! Denn wir alle wissen: Wenn Frauen viel reden, entstehen bei mattem Lippenstift diese weißen Ränder am Mund. Und die sehen ziemlich eklig aus. Nimm ein Lippbalsam, der glänzt. Das kommt geil.

Was ich dir damit sagen will: Schmink dich, Schwester – aber übertreib nicht.

Regel Nr. 2: Achte darauf, wie er sich verhält

Wenn du zu dem Date gehst, MUSS er dich abholen. Das ist sehr wichtig! Wenn er keinen Führerschein hat, holt er dich halt mit dem Bus ab, scheißegal, Hauptsache, ER holt DICH ab. Du kannst nicht alleine zu diesem Restaurant gehen. Apropos: Ihr geht nicht in eine Shisha-Bar! Hast du mich verstanden? Nicht bei den ersten Dates! Dann hat er sich nämlich überhaupt keine Mühe gegeben. Kino ist auch keine Option. Denn da unterhaltet ihr euch nicht. Kino machst du, wenn du in einer Beziehung bist, ihr euch nicht mehr so viel zu sagen und sowieso einen anderen Rhythmus habt.

Nein, wir holen den Klassiker raus: ein Restaurant. Nicht zu teuer, nicht zu billig. Wo ihr sitzen müsst, wo ihr eine Karte kriegt, wo ihr bestellt. Wo ein Kellner an den Tisch kommt! Das geht auch, wenn ihr euch tagsüber trefft – dann geht ihr halt brunchen oder einen Kaffee trinken.

Wenn er dich mit dem Auto abholt, achte darauf, dass er dir die Autotür aufmacht. Du steigst nicht einfach so ein! Ich weiß, das hört sich jetzt so an, als würde ich maßlos übertreiben. Nein! Du musst Dinge einfordern.

Stellen wir uns die Situation vor: Er fährt vor. Er fordert dich durch die Scheibe auf einzusteigen. Du stehst einfach da und guckst ihn an. Er lässt die Scheibe runter und sagt: *Steig ein.* Daraufhin du: *Ich bin es gewohnt, dass man mir die Tür aufmacht.* Wenn er dann antwortet *Häh, was?* und wegfährt, weißt du Bescheid. Aber das wird nicht passieren. Er wird aussteigen, lachend ums Auto herumlaufen und die Tür aufmachen. Weil du ihn verwirrst.

Es ist egal, ob du vor der Autotür, der Haustür oder der Restauranttür stehen bleibst. Ich habe das mal gemacht bei einem Date: Wir kamen zum Restaurant. Er ist vorgelaufen, hat die Tür aufgestoßen, ist reingegangen. Die Tür knallte zu, ich bin vor der Tür stehen geblieben. Es hat ein bisschen gedauert, bis er das gemerkt hat.

Ungefähr drei Minuten später – und das waren die längsten drei Minuten meines Lebens – stand er innen an der Tür und hat mir mit Gesten zu verstehen gegeben: *Bist du bescheuert, komm doch mal rein.* Ich, von außen: *Ich bin es gewohnt, dass man mir die Tür aufhält.* Er, von innen: *Was?* Dann hat sein Handy geklingelt und er hat angefangen zu telefonieren. Also bin ich doch alleine reingegangen. Was aus dem Date wurde? Nichts, er war ein Arschloch. Aber das hätte ich von Anfang an wissen können.

Junge Mädchen sind heute bei YouTube nur noch von fetten, falschen, operierten Ärschen umgeben. Die denken, Tür aufhalten ist total altmodisch. Wollt ihr mich verarschen? Das ist überhaupt nicht altmodisch! Das ist COOL. Was für ein schönes Kompliment, wenn ein Typ erst durch eine Tür rennt und dann zurückkommt, sie dir aufhält und sagt: *Sorry, nach dir.* Das ist doch geil! Es zeigt, dass er kein Arsch ist.

Aber wir netten Mädchen geben uns immer mit weniger als wenig zufrieden. Damit müssen wir aufhören! Wenn wir uns selbst nicht wertschätzen, werden uns andere auch keine Wertschätzung entgegenbringen. Wenn du also schon wieder auf halbem Weg einknickst, weil du denkst, egal, mach ich mir halt selbst die Tür auf ... NEIN, machst du nicht! Er soll dir die MOTHERFUCKING TÜR aufmachen. Denn am Ende des Tages kriegt er das Geilste, das du hast: dein Herz und deinen Cookie. Gib dich nicht mit wenig zufrieden! Denn wenn er in den kleinen Dingen schon scheitert, wird er in den großen erst recht scheitern.

Auch wenn deine beste Freundin jetzt sagt: *Ist doch nicht so schlimm, dass er dir nicht die Tür aufgemacht hat.* HALT DIE FRESSE! Eine Tür aufzumachen kostet nichts. Es ist nur eine Geste der Wertschätzung. Wenn er dir schon am Anfang keine Wertschätzung entgegenbringt, fängt er später sicher auch nicht damit an. Und dann hast du einen Fuckboy.

Ich hatte auch schon mal einen, dem musste ich es nicht erklären. Der hat mir überall die Tür aufgemacht und jeden Stuhl rangerückt, dem ich mich genähert habe. Das war zu viel, das konnte ich auch nicht leiden. Das heißt, wir müssen einen Mittelweg finden. Wenn ihr in einer Beziehung seid, muss er dir natürlich nicht jedes Mal die Türen aufhalten. Aber am Anfang zeigt man sich doch von seiner besten Seite. Nichts anderes will ich damit sagen: ER SOLL SICH BEMÜHEN!

Regel Nr. 3: Too much information

Ihr sitzt jetzt im Restaurant, fangt ein Gespräch an. Er fragt: *Und, hast du Geschwister?* Was machen wir Frauen? Wir zählen alle unsere Geschwister auf, was für Schulabschlüsse sie haben, was ihre Träume sind, zu welchen Geschwistern wir eine gute Beziehung haben, zu welchen wir keine gute Beziehung haben ... Kurz gesagt: Wir geben zu schnell zu viel preis. *Too much information!*

Wenn er dir eine Standardfrage stellt (und die meisten Männer stellen nur Standardfragen) wie: *Hast du Geschwister?* Dann sagst du einfach: *Ja, drei.* Punkt. Wenn ihn dein Verhältnis zu deinen Geschwistern interessiert, wird er die nächste Frage stellen.

Wenn du jedes Detail aus deinem Leben erzählst, geht er nach dem ersten Abend nach Hause und denkt sich, ich kenn ja schon alles von dieser Frau. Ich muss gar nicht mehr viel machen, um sie ins Bett zu bekommen. Denn er wird dich natürlich fragen, was du magst und was du nicht magst. Selbst wenn er dich nicht fragt, wirst du es ihm ausführlich erklären: *Ich liebe übrigens Lebkuchen, Sonnenuntergänge und die Farbe Lila.* In den nächsten zwei Wochen wird er genau das umsetzen – so gewinnt er dein Vertrauen. Und was passiert dann? Du kannst kaum glauben, dass du endlich den Traummann gefunden hast, der ALLE deine Vorstellungen erfüllt. HALLO? Du hast ihm doch alles haargenau erklärt.

Ich sage nicht, dass du dich ändern oder verstellen sollst. Aber versuch mal was anderes. Erzähl einen Teil von dir, aber nicht zu viel. Dann denkt er hinterher: *Wow, das war ein interessanter Abend, aber eigentlich weiß ich noch gar nicht viel von ihr. Ich würde sie gerne wiedersehen.* Das heißt, er muss sich um weitere Dates bemühen.

Und ihr könnt jeden Typen da draußen fragen, jeden Fuckboy, jeden anständigen Mann und jeden netten Jungen: Wenn ein Mann etwas zu schnell bekommt, verliert er das Interesse. Es gibt natürlich diese Geschichte, wo es als One-Night-Stand angefangen hat und heute sind sie verheiratet und haben fünf Kinder. Aber das ist die Ausnahme. Wir sprechen hier von der Regel. Deswegen ist es wichtig, dass er langsam herausfinden kann, wer du bist. Auf was du stehst. Was du liebst und was du verabscheust. Denn das bedeutet Arbeit für einen Mann. Und wenn ein Mann für eine Sache arbeitet, schätzt er sie viel mehr, wenn er sie dann irgendwann hat.

Regel Nr. 4: Essen ja, saufen nein

Bei einem Date gilt: Wenn du Hunger hast, dann iss. Friss nicht, aber iss, wenn es dir schmeckt. Sei eine Lady, keine Mademoiselle. Nur trink keinen Alkohol. Nicht wegen ihm – wegen dir. Damit du deine Contenance nicht verlierst.

Frauen können ziemlich saufen. Am Tisch ist alles cool – solange wir sitzen. Der wahre Zustand unseres Seins wird erst deutlich, wenn wir auf Toilette gehen. Wir verlieren unsere Sprache. Pissen ist auf einmal Kraftsport. Ich weiß nicht, wie und wo wir uns überall festhalten. Und wir pinkeln überall hin. Die Toiletten von Frauen sind immer schmutziger als die von Männern. Wenn wir dann noch eine Frau treffen, die genauso drauf ist wie wir, überschütten wir uns mit Komplimenten. *Isch lieb dich, du bist so schön!* Es kann passieren, dass wir zusammen Nachrichten an unsere Ex schreiben. Weil es uns auf einmal überkommt. Jedenfalls bleiben wir nicht nur fünf Minuten auf der Toilette, wir sind eine halbe Stunde weg. Deshalb denken die Typen immer, wir machen da drinnen rum. Nein, wir suchen nur unseren Charakter. Und unseren Stolz.

Mal einen zu saufen, das ist überhaupt kein Problem. Aber mach das mit deinen Freundinnen. Wenn du ein Date hast, rate ich davon ab. Ich hab's einmal gemacht. Steht alles im Kapitel »Verstell dich nicht«. Von der Lady war danach nichts mehr übrig. Ich war auf einmal *der* Senna.

Und bitte sag jetzt nicht: Er muss mich doch in jedem Zustand lieben! Ja – aber es ist trotzdem nicht schön, eine kotzende, torkelnde Frau nach Hause zu schleppen. Ich will dich nur davor bewahren, dass du am nächsten Tag sagst: *Ich trink nieeee wieeeder.* Besauf dich mit deinen Freundinnen. Aber wenn du einen Typen datest und ihn beeindrucken willst – lass es sein.

Und lass die Finger weg vom Gras! Als ich mal vor einem Date nervös war, meinte meine Freundin: *Kiff doch einen zum Runterkommen.* Als ich unten war, konnte ich nicht mehr aufstehen. Also meinte meine Freundin: *Trink mal einen Wodka Red Bull, damit du wieder fit bist.* Ich war so drauf, ich habe rosa Elefanten gesehen. Ich weiß nicht mal mehr, wer der Typ bei dem Date war. Aber ich weiß, dass er einen sehr schlechten Eindruck von mir gehabt haben muss. Ich habe gefressen wie ein Typ, weil ich so bekifft war. Und ich war total emotional, wegen dem Wodka.

Seitdem habe ich beschlossen: Keine Macht den Drogen.

Regel Nr. 5: Du beendest den Abend

Fast hätte ich das vergessen: Bestimm du den Ort des ersten Dates. Du musst dich wohlfühlen. Er wird dich sowieso fragen, wo du hingehen willst. Ich sage immer: *Es gibt da ein kleines Café, das habe ich empfohlen bekommen* … Es ist natürlich mein Stammcafé. Wenn er nämlich unangenehm werden sollte, dann bist du in deiner Umgebung. Safety first. Du solltest dich immer safe fühlen bei der ersten Begegnung.

Du beendest das Date auch. IMMER. Zu einer gesunden Uhrzeit. Du sagst: *War echt schön mit dir, aber ich muss los, ich hab noch viel zu tun.* Du verabschiedest dich, nett und ordentlich. Nice girl. Selbst wenn er protestiert, bleibst du bei deinem Entschluss. *Es ist wirklich lustig, mit dir zu reden, ich hab das Gefühl, als würden wir uns schon lange kennen. Aber ich muss trotzdem gehen* … Gerade dann, wenn du nicht aufhören willst mit ihm zu reden, wenn das Date soooo schön ist – das ist der Punkt, wo du dich verabschieden solltest.

Ich Depp habe es natürlich nicht so gemacht. Ich habe gelabert und gelabert und gelabert und gelabert. Bis er meinte: *Du, ich muss jetzt echt schlafen, Senna.*

Regel Nr. 6: Nächtliche Nachrichten

Ihr habt ein schönes Date gehabt. Er bringt dich mit dem Auto nach Hause. Nein, küss ihn nicht. Sag tschüss, geh rein. Melde dich nicht. Ich schwöre dir, wenn es ein toller Abend war, wird er dir schreiben. Und zwar sofort:
Es war echt schön.

Wenn er so was schreibt, kannst du dich auch noch mal bedanken. Mach ihm ruhig ein Kompliment:
Ja, es war wirklich ein schönes Date mit dir, ich hab viel gelacht. Ich freue mich schon auf das nächste. Wenn du Lust hast?

Er wird antworten: *Natürlich!*

Und du darauf: ☺

Wenn er an dem Abend nicht schreibt, schreibst du ihm – am nächsten Tag. Wir sind ja noch in der Testphase. Vielleicht ist er schüchtern. Vielleicht wartet er auf eine Nachricht von dir. Das wirst du alles mit der Zeit herausfinden. Wenn er also nicht noch am selben Abend schreibt, dann belass es dabei. Am nächsten Tag, so gegen Mittag, wenn du schon den zweiten Kaffee getrunken hast und sowieso gerade am Handy bist, kannst du ihm eine kurze Nachricht schicken:
Wie geht's dir? War echt ein schöner Abend gestern.

Wenn er nach dem Date gar nicht schreibt, kein »Danke«, keinen Smiley, auch nicht am nächsten Tag – dann ist er raus.

Er wollte nur das Eine. Er bemüht sich nicht. Ein Typ, der dich wiedersehen will, der vielleicht sogar darüber nachdenkt, ob du seine Mrs. Right bist – der meldet sich wieder.

- 5 -

DEIN COOKIE ODER SEX MIT DEM EX?

Dieses Kapitel wird kurz und knapp: Egal, was kommt, halt deinen verdammten Cookie zu. Nimm dir die ZEIT DER WELT, bevor du Sex hast.

Nicht falsch verstehen: Ich habe nichts gegen Frauen, die ihre Sexualität ausleben. Ich habe eine Freundin, die hat ständig Sex – weil sie es will. Mehrmals am Tag, überall, im Auto, in der Garage, im Büro. Sie hat verschiedene Typen, die sie alle seit Jahren kennt. Sie ist auch ehrlich zu ihnen. Wenn du sie siehst, würdest du das niemals von ihr denken. Sie sieht aus wie eine graue Maus, trotzdem fahren die Typen total auf sie ab. Aber sie achtet auf sich. Sie kennt ihren Cookie sehr, sehr gut, sie geht zum Arzt, sie macht regelmäßig AIDS-Tests, sie verhütet – WAS VIELE DA DRAUSSEN NICHT MACHEN! Dabei ist safer Sex so wichtig! Und auch Aufklärung!

Ich habe mal einen Typen kennengelernt, mit dem ich zusammengekommen bin. Als es so weit war, habe ich einen AIDS-Test von ihm verlangt. Ich habe ihm gesagt, zeig mir deinen, du kriegst auch einen von mir. AIDS sieht man nicht, und es verbreitet sich wieder mehr. Seit Tinder soll es sogar generell mehr Geschlechtskrankheiten geben. Deswegen – bitte, bitte, bitte – seid gut zu eurem Körper.

Wenn ich sage, haltet den Cookie zu, hat das nichts mit Religion oder kulturellem Background zu tun. Es hat damit zu tun, wie eine Frau mit ihrem Körper umgeht. Ich finde, Frauen sollten ihren Körper wertschätzen. Dein Körper ist dein Tempel und dein Cookie ist das Tor. Mach langsam. Es ist wie mit einem Haus, das du schön eingerichtet hast. Da würdest du auch keinen Penner reinlassen. Oder einen fremden Menschen.

Es gibt Ausnahmen, klar. Ich kenne eine Frau, die hatte jede Woche einen anderen, es war ihr scheißegal. Irgendwann hat sie einen Typen getroffen, der kulturell absolut traditionell eingestellt war – und er hat sich in sie verliebt. Sie hatten beim ersten Date Sex und sind bis heute zusammen und glücklich. Aber wenn du solche Geschichten hörst, denk daran: Das sind die Ausnahmen. Die Regel lautet: Sobald du ihm deinen Cookie gibst, ist der Typ am Ziel. Denn das ist das Ziel von fast jedem Mann da draußen. Falls jetzt die Männer protestieren: Haltet die Fresse! Tut nicht so, als hättet ihr das nicht als Erstes im Kopf.

Männer denken ganz naiv, wie kleine Jungs. Wenn du ihnen keine Schokolade gibst, schreien sie. Wenn du ihnen zu viel gibst, wollen sie nicht mehr aufhören. Aber wenn sie eine Aufgabe gut gemeistert haben und du belohnst sie mit Schokolade, dann schätzen sie das und versuchen es beim nächsten Mal noch besser zu machen.

Deshalb tu mir einen Gefallen: Date diesen jungen Mann, solange es geht. Damit du wirklich herausfinden kannst, ob er es wert ist. Je länger eure Datingphase dauert, desto mehr lernt er deinen Charakter kennen. Und desto mehr Respekt bekommt er vor dir. Weil er merkt, was für ein toller Mensch du bist. Lass dir Zeit mit dem Sex, es rennt dir doch nicht weg. Lernt euch erst mal kennen.

Es gibt keine feste Zahl, wie viele Tage oder Wochen oder Monate du dir geben solltest. Aber es gibt intensive Gespräche, es gibt Dates, es gibt Bemühungen. Er soll herausfinden, wer du bist. Was dir jeder Mann bestätigen wird: Je länger es dauert, desto mehr wird er es wertschätzen.

Wenn es der Ex ist, der wieder Sex will – den würde ich sooooo zappeln lassen. Nach allem, was er mit dir gemacht hat? Diesen Schuh würde ich mir niemals ein zweites Mal kaufen. Der Typ soll sich zum Teufel scheren!

Ich hatte mal diese Situation mit einem Ex. Einem Fuckboy. Er hat sich plötzlich gemeldet, aus dem Nichts heraus, hat mir wieder Komplimente gemacht – und ich dachte, vielleicht hat er sich ja doch geändert. Deshalb wollte ich ihn treffen und ihm meine Meinung sagen. Meine Freundin meinte: *Du hast ihm doch schon deine Meinung gesagt, per SMS, auf WhatsApp, auf Twitter, auf Snapchat, auf Instagram, auf Facebook ...*

Ja, aber noch nicht face to face!

Wenn du so argumentierst, ist das nur dein Ego. Du hast es nicht nötig, deinen Ex wiederzutreffen. Warum? Weshalb?

Ich dachte, ich bin schlau. Wenn du nämlich sichergehen willst, dass du nicht wieder mit deinem Ex im Bett landest, rasier dich nicht. Und ich rede nicht von drei Tagen, sondern von drei Monaten. Sodass da unten schon eine Stadt erbaut wurde. Dann triff dich ruhig mit ihm – denn du bist gerettet, Schwester!

Jedenfalls fast. Bei mir konnte man schon Dschungelprüfungen da unten machen. Aber dann bin ich ins Bad gegangen und habe was gefunden, womit ich mich rasieren konnte – während er bei mir war. Wenn du also 100 Prozent sichergehen willst, darfst du dich drei Monate lang nicht rasieren UND nichts Scharfes im Bad liegen haben. Ich schwöre dir: Dann wirst du nicht mit ihm schlafen. Und du wirst dich danach so GUT fühlen. Es wird dir richtig gut gehen, denn du hast ihm einen Korb gegeben und dadurch fühlst du dich frei und stark! Du wirst denken: ICH UMARME DIE GANZE WELT! Weil du die Zügel in der Hand hast. Es steht zwischen euch wieder 0:0.

Wenn Männer nicht bekommen, was sie wollen, dann kleben sie an deinem Arsch, das ist unfassbar. Aber glaub mir, sobald du dem Ex gibst, was er will, geht alles von vorne los. Er wird sich nur ab und zu melden. Es wird derselbe Zustand sein wie vorher.

Für alle Frauen da draußen, die es schon getan haben und die jetzt sagen, Scheiße, Senna, hättest du mir das nicht mal eher sagen können? Keine Sorge: Dein Ex wird wieder ankommen. Dann sagst du Nein. Du wirst sehen, das hat denselben HAMMER Effekt. Selbst wenn du mit ihm schon wieder im Bett warst und jetzt einfach mal knallhart deine Meinung geändert hast. Für ihn ist das: Katastrophe! Für dich: Geil! Du zeigst ihm: Ich brauche dich nicht.

Wenn ihr zu eurem Ex sagt: *Ich liebe Sex und möchte Sex, aber nicht mit dir* – dann kommt bei ihm Verzweiflung auf: *Findest du mich nicht mehr attraktiv?*

Doch, du bist ganz nett. Aber auf eine andere Art und Weise. Das sagt ihr lieb und sanft.

Wie denn?, fragt er.

Ich kann's nicht erklären, aber wenn ich dich umarme, fühlt sich das an wie bei einem Bruder. Ich kann mir das nicht mehr vorstellen mit dir, wir haben jetzt eine andere Ebene ...

Danach ist der Typ richtig verstört. Ich habe das mal mit einem Ex gemacht. Er hatte es nicht anders verdient. Als ich ihn wollte, hat er mich in die Vitrine gestellt und warten lassen. Wir kamen immer wieder an denselben Punkt. Von Phase 6 zurück auf Phase 1. Das war schlimm für mich.

Irgendwann hat die Security vor meinem Herzen endlich gesagt: Stopp! Dann konnte ich den Spieß umdrehen. Ich habe zu ihm gesagt: *Ich kann mit dir nichts anfangen. Ich will ehrlich sein, ich hab auch keinen Spaß an dem Sex. Du bringst es nicht. Du turnst mich nicht mehr an. Mein Cookie sagt nein, meine Brüste sagen nein, mein Kopf sagt nein. Sorry, die Mehrheit hat gegen dich gestimmt. Am lautesten war mein Cookie.* Damit habe ich ihn ZERSTÖRT. Er ist gegangen. Und kam nie wieder.

Dein Ex ist dein Ex und soll dein Ex bleiben. Denn es gibt einen Grund, dass er der Ex ist. *Never have Sex with your Ex* – den Satz hat auch nicht einfach jemand ohne Grund erfunden. Wenn du denkst, es gab aber doch mal diese eine Geschichte, wo eine Frau ihrem Ex das Gehirn rausgevögelt hat und jetzt ist er ihr Ehemann und sie leben glücklich in Miami in einem Beachhaus – AUSNAHME! Wenn du die Regel hören willst, bleib dran.

- 6 -

DIE BESTE RACHE

Im Netz werde ich oft gefragt: Senna, er hat mich verlassen, wie kann ich mich am besten rächen? Soll ich ihn eifersüchtig machen? Mir einen neuen Kerl suchen und mich mit ihm zeigen? Die kürzesten Röcke tragen und die tiefsten Ausschnitte – so tief wie sein Niveau?

ALLES QUATSCH!

Dabei bin ich ein Mensch, der aus Wut sehr rachsüchtig werden kann. Wenn ein Mann mir wehtut, dann will ich auch erst, dass seine Vorfahren und Nachfahren das Grauen nicht überleben. Ich wünsche mir, dass sein Auto abfackelt und sein Lieblingsfußballverein absteigt. Dass er hässlich wird. Einfach alles Schlechte! Ich halte die Fackel, ich bin eine Kriegerin. Es braucht lange, bis ein Mann mir wehtut, aber wenn er es geschafft hat – dann gnade ihm Gott. Dann, Motherfucker, renn weg! Du wirst das Ding nicht überleben. Selbst wenn du denkst, ich liege am Boden, komme ich noch mal zurück – als Geist.

So viel Wut hatte ich manchmal. Weil mir sehr tief wehgetan wurde. Nicht auf die normale Art, nach dem Motto: *Hey, ich möchte nicht mehr mit dir zusammen sein.* Sondern mir wurde wehgetan mit dieser On-Off-Scheiße. Ich wurde hingehalten. Ich habe mich verbiegen lassen. Am Ende des Tages haben die Arschlöcher sich trotzdem für etwas völlig anderes entschieden. Ich stand da, ratlos: *Ich dachte, du wolltest dies und das ... Sie ist doch genau das Gegenteil!* Mir kam es vor, als würden die guten Frauen wie Dreck behandelt und die Schlampen wie Queens. Das hat mir soooo wehgetan. Und es hat mich sehr wütend gemacht.

Dann habe ich meinen Fokus auf ihn und seine Neue gelegt. Ich wusste jeden Tag, wo sie sind. Sogar, wo seine Eltern sind. Ich wusste alles – weil ich zum Stalker wurde. Das war meine tägliche Routine. Aufstehen, Zähne putzen, nachgucken, wo er ist. Das ist das Schlimmste, was du machen kannst! Du veränderst dein Leben ins Negative – und kommst deinem Ziel, glücklich zu werden, nicht näher.

Die beste Rache ist: Sich auf das eigene Leben konzentrieren. Er soll mitkriegen, wie erfolgreich du wirst, wie gut du in letzter Zeit aussiehst, dass du dir ein neues Auto gekauft hast, dass du deinen Abschluss gemacht hast, dass du glücklich bist ... Dass es dir GUT geht. Es muss kein neuer Mann her, um deinen Ex eifersüchtig zu machen. Das Einzige, das hilft, ist Erfolg. In jeglicher Art: dein Körper, deine Haare, dein Make-up, deine Schule, dein Umfeld, dein Stil, dein Konto – egal was! Er wird es mitbekommen.

Denn *guess what*: Sobald du aufhörst, nach ihm zu gucken, wird er nach dir gucken. Das hört sich magisch an. Ich hätte auch niemals gedacht, dass das funktioniert, aber ES FUNKTIONIERT. Ich habe es schon erlebt. Von heute auf morgen melden die Männer sich auf einmal wieder. Aber immer nur, wenn es dir gut geht. Weil sie Angst haben, dass du sie vergisst.

Du bist nämlich ihr Lebenselixier. Weil du ihnen das Gefühl vermittelt hast, dass sie die Tollsten und die Geilsten sind. Weil du ihnen immer wieder die Tür geöffnet hast. Oder weil du auf ihre Kanäle gegangen bist, weil du bei seinen Freunden rumhingst, weil du nach ihm gefragt hast, weil du zufällig anonym angerufen hast, weil dein Handy sich selbstständig gemacht hat ...

Damit musst du aufhören und stattdessen etwas für dich tun. Ich rede nicht nur vom Shoppen. Das ist auch ein Teil davon (der übrigens ziemlich viel Spaß macht), aber zum Shoppen brauchst du Geld. Wie kriegst du Geld? Sei erfolgreich. Ich schwöre dir: Er wird dir hinterherrennen. Es hat immer schon funktioniert.

Ich habe es ausprobiert: Ich habe aus meinen Launen, meinen Rachegedanken, meinem Liebeskummer ein Bühnenprogramm gemacht. Bin erfolgreich geworden. Wenn ich heute auf diesen Mann treffe, kriegt er noch nicht mal mehr einen Handschlag von mir. Maximal ein Nicken. Und mein Nicken heißt: Du siehst scheiße aus.

Die größte Rache im Leben ist Erfolg. Damit tötest du jeden Typen. Auch jeden Hater. Ich habe meine größten berufliche Erfolge immer in den schlimmsten Liebeskummerphasen gehabt.

Du darfst dir gerne wünschen, dass er bankrottgeht. Dass sein Dingdong abfällt. Dass sein Auto geklaut wird. Dass sein Lieblingsverein absteigt. Darfst du dir alles wünschen. Aber die größte Rache bleibt DEIN persönlicher Erfolg. Das kann vieles sein: Die eine Frau ist erfolgreich auf der Bühne. Die andere Frau ist erfolgreich mit ihren Kindern. Die dritte ist erfolgreich beim Malen. Du musst selbst rausfinden, was es ist.

Hör auf Destiny's Child: *All the women, who are independent, throw your hands up at me!* Damit fickst du ihn. Denn wenn du erfolgreich bist, bist du unabhängig, und wenn du unabhängig bist, bist du glücklich. Du kannst dir vieles leisten. Alle schreien nach Geld, Geld, Geld – ja, Geld spielt eine Rolle in diesem Leben. Verdien Geld! Damit du jederzeit sagen kannst: Es geht mir gerade nicht gut, ich nehm den nächsten Flieger nach Ibiza. Oder: Ich kauf mir heute teure Schuhe, weil ich einfach Bock dazu habe. Für die, die jetzt sagen, Geld ist doch nicht alles – ja, stimmt. Aber es ist ein Teil des Lebens.

Ich war schon mit Männern zusammen, die mir meine Karriere zum Vorwurf gemacht haben. Nicht mit Worten, aber ich habe es an ihrem Verhalten ablesen können. Es ging so weit, dass ich mich regelrecht geschämt habe, erfolgreich zu sein. Aber warum soll sich eine Frau für ihren Erfolg schämen? Sie hat dafür geschwitzt und gearbeitet! Wenn er ein Problem damit hat, ist das sein Problem – nicht unseres. Eine Frau wird niemals ein Beziehungsproblem lösen, indem sie sich klein macht.

Deshalb: Pflege einen gesunden Egoismus! Das schaffst du mit Selbstbewusstsein. Und wie du das bekommst? Indem du deine Würde einschaltest. Würde hat jeder Mensch, erinnere dich daran. Wir haben sie alle bei unserer Geburt geschenkt bekommen. Entscheide dich für dich, put yourself in the first position! Das ist die Magie. Natürlich wird es, auch wenn du erfolgreich bist, Tage geben, an denen du unglücklich bist. Aber diese Zeiten gehen schneller vorbei. Denn dein Erfolg erinnert dich daran, dass du es ohne ihn geschafft hast.

Merkt euch das, Frauen! Auch ihr, die ihr verheiratet seid

und abhängig vom Geld eures Mannes – don't do that! Lebt nicht vom Geld anderer, macht euer eigenes!

Richtige Männer lieben Frauen, die ihr eigenes Leben leben. Ich habe mal einem Mann, der mich spontan zu einem Date einladen wollte, abgesagt, weil ich einen Tisch für mich und meine Freundinnen in einer wunderschönen Bucht am Meer reserviert hatte. Ich glaube nicht, dass Männer das abturnt. Im ersten Moment fühlen sie sich vielleicht abgelehnt, aber im Nachhinein denken sie: Wow, sie lebt ihr Leben.

Das Schlimmste, was eine Frau tun kann, ist, an einem Typen zu kleben. 24/7? – GEHT GAR NICHT! Ein Typ behält auch immer sein eigenes Leben, seine Freunde, seine Hobbys, seinen Sport, seine Grillabende. Und ich muss als Frau nicht überall sein, wo er ist. Ich habe ebenfalls Dinge zu tun. Das darf er ruhig merken.

Natürlich muss man in einer Beziehung Gemeinsamkeiten haben – sonst verliert ihr euch. Stell es dir einfach vor wie ein Haus: Die erste Etage gehört dir, die dritte ihm und die zweite euch beiden. Ihr seid oft zusammen in der zweiten – aber nicht immer. Vielleicht kommt er mal runter zu dir in die erste, oder du gehst mal in die dritte Etage hoch. Hauptsache, man trifft sich in der Mitte.

Meine schönen Tulpen, ich weiß, was ich euch hier erzähle, hört sich alles nach Regeln an. Aber wenn ihr es einmal verstanden habt, kommt das Selbstvertrauen irgendwann von ganz alleine, aus eurem Inneren. Klammern ist unsexy. Eine Frau, die sexy ist, hat ihr Leben im Griff, liebt es, ihre Freundinnen zu treffen, ihren Hobbys nachzugehen, ihre Ziele zu verwirklichen – aber sie ist auch gerne mit ihm zusammen. Sie hält ihre innere Balance.

- 7 -

SPIEGLEIN, SPIEGLEIN AN DER WAND

Ich bin äußerlich überhaupt nicht perfekt. Ich habe Dehnungsstreifen, ich habe auch mal einen Blähbauch oder Pickel an einer ungünstigen Stelle mitten im Gesicht. Es ist aber gerade das nicht Perfekte, was schön ist. Du kannst eine Cindy aus Marzahn sein, aber mit der Haltung einer Beyoncé durchs Leben gehen – *Bitch, you're gonna be a Queen!* Es kommt darauf an, wie du in den High Heels läufst. Das nennt man Ausstrahlung! Aura und Charisma kannst du dir nicht kaufen, kannst du nicht schminken. Das hat was mit deinem Auftreten zu tun, mit deiner Stimme! Und wie du zu dir selber stehst.

Woher kommt Ausstrahlung? Von deiner inneren Schönheit! Die innere Schönheit ist die wahre Schönheit. Wenn eine schöne Frau einen schlechten Charakter hat, wird sie automatisch hässlich. Du kannst von außen wie Jennifer Lopez aussehen und von innen wie Gollum – und du wirst Gollum sein. Dasselbe gilt für Männer. Wenn er von außen ein Adonis ist, aber aus seinem Mund nur Bullshit kommt, ist der Typ kacke.

Natürlich haben wir alle auch schlechte Eigenschaften. Meine ist: Ich bin unpünktlich. Ich lasse Menschen nicht ausreden. Ich bin manchmal besserwisserisch. Voll schlimm! Aber ich versuche an meinen schlechten Eigenschaften zu arbeiten. Wenn andere reden, sag ich mir, Senna, halt einfach mal dein Maul. Wenn ich aber auf 180 bin, kannst du das leider vergessen. Dann versuche ich den Menschen aus dem Weg zu gehen, bis ich wieder abgekühlt bin.

Aber ich habe auch gute Charaktereigenschaften: Ich bin immer für andere da, zu 100 Prozent. Ich teile gerne, was ich habe. Und ich gebe immer mein Bestes. (Es ist komischerweise leichter, die schlechten Eigenschaften aufzuzählen als die guten. Das hat was mit unserer mangelnden Selbstliebe zu tun.)

Wenn deine guten Charaktereigenschaften überwiegen, hast du Glück, dann kannst du an den schlechten arbeiten. Eine tolle Ausstrahlung und einen guten Charakter – das musst du erreichen, dann wird alles andere in deinem Leben besser funktionieren. Du kannst die teuersten Klamotten auf der ganzen Welt anhaben und trotzdem billig sein. Die reichsten Menschen können die Ärmsten sein. Und die Ärmsten die Reichsten.

Es gibt nämlich eine Schönheit, die niemals vergeht. Sie zeigt sich in deinem Herzen, in deinen Taten. Ich meine damit NICHT, dass du dir die Haare verlängern lässt. Das kannst du auch machen. Aber eine gute Tat bedeutet, dass du nicht an einem Obdachlosen vorbeiläufst, sondern ihm ein paar Euro gibst, damit er sich was zu essen kaufen kann. Das wird dich nie ärmer machen – das kann dich nur reicher machen. Reicher im Herzen.

Deine Gefühle spiegeln sich in deinem Äußeren. Als ich einmal sehr frustriert und traurig war, hat man das an meinem Hautbild gesehen. Ich habe versucht, es mit den teuersten Cremes und dem dicksten Make-up zu kaschieren. Ich konnte mich selbst nicht mehr im Spiegel anschauen. Dadurch, dass ich traurig und unmotiviert war, bin ich auch nicht zum Arzt gegangen. Ich dachte, ich bin sowieso hässlich. Meine Freunde haben mich schließlich zum Dermatologen gebracht. Der hat einen Bluttest gemacht. Dabei hat sich rausgestellt, dass ich eine leichte Akne hatte. Ich bekam Medikamente dagegen.

Ich bin die Akne damals nicht von heute auf morgen los geworden. Ich musste Geduld haben. Langsam wurde meine Haut wieder gesünder. Dadurch habe ich wieder Selbstbewusstsein bekommen. Ich musste mich nicht mehr vollkleistern mit Make-up. Ich habe einige Produkte weggelassen und meinen Lebensmotor wieder angeschmissen. Die Motivation kam zurück, ich hatte wieder Spaß am Leben und auch nicht mehr diese ständigen Bauchkrämpfe.

Manchmal stelle ich auf Instagram Kosmetikprodukte vor, die ich selbst feiere. Viele Frauen schreiben dann: *Senna, ich habe so schlechte Haut, ich hoffe, diese Produkte helfen.* Ich antworte immer: *Nein, die helfen nicht. Die Creme tut gut und gibt dir einen schönen Teint, aber dein schlechtes Hautbild wird davon nicht weggehen. Da hilft dir nur ein Dermatologe.* Alles andere wirkt bloß oberflächlich.

Es ist wie mit Pickeln. Es gibt diese unterirdischen, die man nicht sieht, die aber höllisch wehtun. Wie Fremdkörper mit eigenem Herzschlag, die pochen sogar. Wenn du so einen Pickel kriegst, kannst du den nicht mit Zahnpasta beruhigen. Wenn du dran rumfummelst, bleibt am Ende eine Narbe. Solche Pickel musst du von innen behandeln. Hör auf, diese ganzen Milchprodukte zu essen. Oder Sojaprodukte – auch da ist was drin, was deine Haut unruhig macht. Irgendwas mag dein Körper nicht. Vielleicht ist es auch dein Ex-Freund. Fuckboys machen auch Pickel. Finde heraus, was es ist – und du wirst sehen, der Pickel kommt nicht mehr.

Ich habe versucht herauszufinden, was mir guttut und was nicht. Step für step habe ich mein Leben aufgeräumt. Mich von negativen Menschen verabschiedet. Neue Menschen kennengelernt, die positiv eingestellt sind. Dann habe ich versucht, meine Wohnung aufzupeppen. Ich war früher total dunkel eingerichtet. Das habe ich alles rausgeschmissen und die Möbel an Menschen verschenkt, die nicht so viel besitzen. Ich habe Sachen für Flüchtlinge und Frauenhäuser gespendet. Ich habe gute Taten getan – für andere und für mich. Danach habe ich komplett bei null angefangen und meine neue Wohnung ganz hell eingerichtet.

So habe ich gelernt, meine Balance wiederzufinden. Du kannst das auch! Wir müssen nicht fünf Tafeln Schokolade essen – eine reicht. Wenn du dann immer noch Heißhunger hast, schiebst du dir halt eine Banane rein. In einer Banane ist Fruchtzucker drin, der aber langsamer wirkt, gesünder ist und länger im Blut bleibt als Zucker. Bring deinem Körper neue Lebensqualität bei.

So wie dein Inneres ist, ist auch dein Äußeres. Wenn du traurig oder unzufrieden bist, sieht man das. Wenn du krank bist, sieht man das.

Stell dir deinen Körper wie dein Traumhaus vor. Du kannst beim Renovieren dein Haus nicht nur von außen malern. Fang innen an: Kümmere dich zuerst um deine Gesundheit. Der nächste Schritt ist, das Haus neu einzurichten. Du streichst die Wände, kaufst neue Möbel, neue Jalousien und so weiter. Erst zum Schluss kommt die Fassade. Andersrum wird es niemals funktionieren. Schönheit kann nur von innen nach außen strahlen!

Es gibt Menschen, die beurteilen mich nur von außen – und die finden mich hässlich, weil ich ihnen arrogant erscheine oder weil sie mich in eine Schublade stecken. Menschen, die mein Inneres kennen, sagen: Sie ist wunderschön. Das bewundere ich auch an meiner Community. Sie schreiben nicht, Senna, du bist eine schöne Frau. Sie schreiben: Du bist eine schöne Frau, Senna, aber in erster Linie von innen. Das ist für mich das größte Kompliment!

Ich habe kein Problem mit Schönheitsoperationen. Manche OPs finde ich in Ordnung – wenn eine Frau dadurch nicht komplett ihre Aura und ihre Ausstrahlung verliert. Bei mir sagen auch immer alle, ich sei operiert. Ich bin aber nicht operiert.

Obwohl ich schon als Kind immer gehänselt wurde. *Deine Nase ist komisch*, haben die anderen Kinder gesagt. Ich hab geantwortet: *Na und? Diese Nase riecht Gold!* Schon war Ruhe im Raum. Auch zu meinen Monrose-Zeiten musste ich mir viel unnötige Kritik anhören. Einfach weil ich anders war. Damals hatte ich zum Glück schon ein Alter erreicht, wo es mich nicht mehr gebockt hat. Ich habe ja genug Möglichkeiten, ich hätte mich jederzeit operieren lassen können. Ich hab's aber nie gemacht.

Menschen können sehr bösartig sein. Die Hänseleien haben manchmal wehgetan – aber: *I don't give a fuck!*

Außerdem: Ab 25 milft man ja heute schon. Wenn ich Bikinifotos von mir poste, kriege ich zu hören: Für 38 hat sie aber einen super Körper. Das soll ein Kompliment sein, ist aber keins. HALLO, 38 ist KEIN Alter! Wenn wir mit 38 sterben würden, würde es heißen, sie ist sooooo jung gestorben. Wenn du mit 38 noch lebst, wirst du auf Instagram mit miesen Kommentaren getötet.

Uns Frauen wird ständig zur Last gelegt, dass wir älter werden. Wir sind umgeben von Vorurteilen. Es bräuchte viel mehr Menschen, die sagen, dass es voll in Ordnung ist, älter zu werden. Wenn die Brüste hängen – ja, und? Und wenn man Cellulite hat – ja, und? Kann man in jedem Alter haben!

Es gab zum Glück auch immer Leute, die mich schön fanden, gerade weil ich nicht perfekt bin. Und meine Einstellung lautet: ICH mag mich. Nur weil in DEINEN Augen eine kleine Nase gut aussieht, ist das noch lange nicht das wahre Schönheitsideal. Guck dir mal die schönsten Frauen der Welt an – Kleopatra oder Nofretete –, was die für Nasen hatten. Dann schau dir ein paar der Hollywood-Diven an, wie die nach ihrer Nasen-OP aussehen. Schrecklich! Jennifer Grey, die Schauspielerin aus *Dirty Dancing*, hat nach ihrer Nasen-OP keine Rollen mehr bekommen. Die Nase war ihr Markenzeichen!

Es gibt Frauen, die haben durchs Stillen keine volle Brust mehr. Wenn die sich ihre natürliche, normale Form wieder herstellen lassen, finde ich das vollkommen in Ordnung. Aber wenn du dir riesige Brüste machen lässt, von denen du Rückenschmerzen kriegst, tust du deinem Körper nicht gut. Oder wenn du eine zu große Nase für dein Gesicht hast und sie dich stört – aber du machst keine Stupsnase daraus, sondern eine Nase, die zu deinem Gesicht passt. Dann ist das okay. Du wirst dadurch nur glücklicher. Es muss nur zu dir passen und darf deinem Körper nicht schaden!

Wenn du viele Falten hast und sie dir schon über die Augen hängen und du dir mit 40 Jahren Botox geben lässt – auch in Ordnung. Aber wenn du dir dein Gesicht wegbotoxen lässt, sodass du keine Mimik mehr hast und deine Kinder sich vor dir erschrecken, dann ist das nicht mehr in Ordnung. Du musst diese feine Gratwanderung hinkriegen. Genauso wie beim Essen, beim Sex und beim Geldausgeben.

Aber lass dich nicht operieren, weil andere Menschen dich verurteilen oder unter Druck setzen! Schönheitsideale sind so schnelllebig. Morgen sind vielleicht große Nasen wieder in. Was dann?

Ich halte auch nichts von Diäten. Ich halte etwas von Ernährungsumstellungen. Man sollte seinem Körper geben, was ihm guttut. Wenn du sehr übergewichtig bist, tust du deinem Körper nicht gut. Wenn du dick bist und dabei sportlich und Spaß am Leben hast – cool! Man sieht den Unterschied zwischen einer gesunden dicken Frau und einer ungesunden dicken Frau. Genauso wie man den Unterschied zwischen einer gesunden dünnen Frau und einer ungesunden dünnen Frau sofort sieht. Behandle deinen Körper einfach gut. Gesundheit ist das höchste Gut, das du hast. Das sollte unser Maßstab sein.

Und an die etwas dickeren Frauen da draußen: Bitte, bevor ihr euch für eine Magenverkleinerung entscheidet, seid euch bewusst: Ihr werdet für lange Zeit keinen Appetit mehr haben. Macht es nur, wenn ihr wirklich gesundheitliche Probleme habt und es keine andere Option mehr gibt! Und macht es NIE wegen anderer Leute. Die werden euch auch mit 20 Kilo weniger oder mit einer kleinen Nase oder mit großen Brüsten beleidigen. Sie finden immer etwas.

Ich werde ständig beleidigt wegen meiner Bilder. *Das ist*

doch bearbeitet! Du bist doch operiert! Wie siehst du denn aus? Einmal habe ich ein komplett schwarzes Bild gepostet. Es gab trotzdem Leute, die gemeckert haben! So ist unsere Gesellschaft, das ist Deutschland. Wir meckern gern, weil wir ein sehr unzufriedenes Volk sind. Deshalb darfst du in Deutschland auch nicht öffentlich sagen: *Ich mag mich.* Dann heißt es gleich: *Wie arrogant du bist!*

Warum denn? Es tut doch niemandem weh, wenn man sich selbst Komplimente macht. Was ist das fucking Problem? Der Amerikaner würde sagen: *I like you, too!* Der Italiener würde sagen: *Bravo, Bella!* Der Araber: *Maschallah!* Der Türke: *Cok güzel!* Der Franzose: *Voulez-vous coucher avec moi?* Nur der Deutsche sagt: *Nee, also ganz ehrlich ...*

Wir leben in einer anstrengenden Zeit. Aber wenn es mehr Menschen geben würde, die sagen, ich mag mich, dann kriegen wir vielleicht auch hier in Deutschland eine andere *attitude*. Eine I'M FUCKING AMAZING-Einstellung. Das wäre echt nice.

- 8 -
SCHEISS DRAUF

Ich hatte alles geplant:
Wann ich heirate. Wie er aussehen und wie er sein soll.

Ich wusste sogar schon, wo meine Hochzeit stattfinden wird. Wie meine Haare liegen, wie ich die Treppe runterlaufe, wie meine Mutter weint und mich überglücklich umarmt, wie meine unverheirateten Cousinen auf meinen Brautstrauß lauern... Ich hatte dieses unfassbar teure, lange Kleid an, mit einer Schleppe, für die man 40 Kinder braucht, um sie zu halten. Meine Haare waren soooo lang, der Dutt da oben war soooo fest, als hätte ich die komplette Weltkugel auf meinem Kopf. Der Ausschnitt in meinem Kleid war tief, meine Brüste perfekt geformt. Von der Location wollen wir gar nicht reden: wunderschön, Tausendundeine Nacht. Ein Traum in Weiß!

Apropos Traum – jetzt, mit knapp 40, denke ich mir: Scheiß drauf.

Wir Menschen planen so viel. Nur lacht das Schicksal uns leider komplett aus. Bei mir lacht das Schicksal so laut, dass es schon Bauchkrämpfe vor Lachen hat.

Mit 16 dachte ich: 25 ist ECHT alt. 25-Jährige waren für mich alte Leute. Damals hatte ich eine sehr genaue Vorstellung: Mein Ehemann, den ich spätestens mit 25 heirate, sollte mein erster Mann sein. Er sollte humorvoll und liebevoll sein, am besten einen dunklen Teint haben wie ich, aber helles Haar und helle Augen. Er sollte europäisch aussehen, aber trotzdem Araber sein oder wenigstens Arabisch sprechen können. Er sollte aus sehr gutem Elternhaus kommen, er sollte mehr verdienen als ich, er sollte mich lieben und ich sollte ihm vertrauen können. Und: Wir wollen drei Kinder.

22 Jahre später hat sich herausgestellt, dass es nicht so gekommen ist. Dass ich bis jetzt nicht verheiratet bin. Das, was ich mir so fest in den Kopf gesetzt hatte, ist nicht passiert. Aber: SCHEISS DRAUF.

Dafür ist vieles andere wahr geworden. Ich habe Musik gemacht, ich bin erfolgreich geworden, ich habe Preise gewonnen, ich habe die Welt gesehen, ich habe geliebt, gelebt, gelacht. All das ist gekommen. Nur das eine nicht.

Natürlich stellt sich die Frage: Warum? Weil wir verkrampfen? Oder weil wir es uns so sehr wünschen? Oder ist da irgendwo jemand, der sagt: Nein, diesen Wunsch erfülle ich dir nicht? Oder ist es nur nicht passiert, weil das Schicksal einen anderen Plan hat?

Andere Sachen im Leben habe ich mir auch gewünscht, aber ich habe sie mir nicht im Detail vorgestellt. Ich hatte kein fertiges Bild im Kopf. Bei dem Traummann und der Traumhochzeit hatte ich das fertige Bild. Nur war der Mann, den ich mir damals vorgestellt habe, ein Prinz. Aus einem Märchen. Den gibt es in der Realität nicht. Und niemand hat mich davor gewarnt, dass es so schwer sein wird, den EINEN Mann zu finden – »für immer und ewig und bis der Tod euch scheidet«. Ich bin im Kopf bei der Hochzeit stehen geblieben, weiter reichte meine Vorstellung nicht.

Das ist der Grund, warum wir Frauen immer enttäuscht werden. Weil wir uns dieses Schloss bauen. Was die Männer mitbringen, reicht uns nicht. Wir stellen uns vor, wie wir aus ihnen eine bessere Version machen könnten. Aber wir schaffen es nicht, sie dazu zu bringen, dass sie wie die Prinzen in unserem Kopf werden. Deshalb sind wir beleidigt und frustriert – und so entsteht Liebeskummer. Ich habe in den letzten 20 Jahren hart erlernen müssen, dass man Männer nicht ändern kann und auch nicht ändern muss.

Es gibt einen Unterschied zwischen echter Anziehungskraft und unrealistischen Wünschen. Der Mann, den du dir vorstellst, müsste ja ein Prophet sein! So einen fehlerlosen Mann gibt es nicht. Jeder Mensch hat schlechte und gute Seiten. Aber wir stellen uns nur die guten vor. Bei vielen Männern, die wir – ihr und ich – bisher kennengelernt haben, haben aber leider die schlechten Seiten überwogen. Trotzdem haben wir uns auf diese Typen versteift. Wir dachten, wir finden nie wieder das Glück. Also nehmen wir den hier – und ändern ihn.

Das wird nie funktionieren! Du änderst dich, bevor du ihn änderst.

Nach vielen Jahren und Enttäuschungen hatte ich mich dann fast damit abgefunden: Mein Schicksal ist einfach so, ich werde nie wieder einen Freund haben. Das habe ich mir so stark eingeredet, dass ich die Scheiße wirklich geglaubt habe. ERNSTHAFT!

Das sind total negative Gedanken. Ja, man kann Single bleiben. Aber ist es nicht schöner, wenn man jemanden hat, den man liebt und mit dem man lebt? Ich glaube, jeder Mensch hat das Bedürfnis, eine Beziehung zu führen. Der eine länger, der andere kürzer, der eine phasenweise, der andere ständig. Man wünscht sich jemanden, auf den man sich verlassen kann, der da ist, der dich in den Arm nimmt. Du wärst ja komplett emotionslos, wenn du dieses Bedürfnis nicht hättest. Sogar ich, die EISKÖNIGIN, vermisse es phasenweise. Aber aus Angst, wieder nur Scheiße abzubekommen, sage ich: *Ach, ich brauch das nicht.*

Sag das nicht. Versuch, das Gegenteil zu sagen: *NATÜRLICH kann ich eine Beziehung haben!* Ich glaube fest an die Kraft unserer Gedanken. Ich glaube daran, dass, wenn wir sagen, *yes, we can,* dann können wir auch. Es geht nur um die Art und Weise deiner Wünsche. Was verlangst du vom Universum? Wenn du aufzählst, er muss gut aussehen, er muss dies und er muss das ... Dann antwortet das Universum: *HALLO, bist du noch ganz sauber im Kopf!? Es gibt noch Trilliarden wichtigerer Wünsche, die ich erfüllen muss!*

Aber wenn du einfach nur sagst: *Ich würde gerne eine Beziehung führen, in der ich glücklich bin und glücklich bleibe. Mehr nicht, das war's.* Dann kann es funktionieren mit deinem Wunsch.

Du musst es dir einfach immer wieder selbst sagen. *Ich werde einen Freund haben.* Ich werde einen guten Partner haben. Er wird nicht nur tolle Eigenschaften haben, und wir werden uns auch zanken. Aber wir werden immer wieder den Weg zueinander finden. Vielleicht kommt dieser Mann nicht jetzt, vielleicht auch noch nicht in zwei Jahren. Vielleicht lerne ich ihn schon in den nächsten Stunden kennen. Ich weiß es nicht. Aber wenn es so weit ist, ist es so weit. Dann bin ICH so weit.

Das ist positive Energie.

Als ich von der Musik geträumt habe, habe ich mir nur gewünscht: Ich will auf der Bühne stehen, ich will gehört werden, ich will glücklich sein mit meiner Musik. Ich habe nicht gesagt, wie viel, wann, wo. Ich wollte einfach nur damit punkten, was ich tue.

Deshalb sollten wir Frauen aufhören aufzuzählen: Er muss sportlich sein und groß und blond... Es kann doch sein, dass dein Traummann einen Bierbauch hat! Es kann sein, dass er Haare auf der Brust hat. Aber es kann auch sein, dass genau dieser Mann das schönste Lächeln auf dein Gesicht zaubern wird. Du weißt es nur noch nicht.

Geh nicht nur nach Äußerlichkeiten! Wenn du ihn auf Instagram kennenlernst, kannst du heutzutage sowieso 50 Prozent abziehen – wegen der Filter und Bearbeitungen. Der wird niemals live so aussehen, das kannst du vergessen. Seit es Bearbeitungsprogramme gibt, ist fast alles eine Illusion! Auch bei uns Frauen. Was diese Filter mit der Haut machen! Diese Haut gibt es gar nicht, die hatte ich nicht mal als Embryo. Da ist keine PORE zu sehen! Diese Filter haben echt mein Leben gefickt. Und mittlerweile bearbeiten sich auch Männer.

Ich habe mich mal mit einem Typen getroffen, den ich im Internet kennengelernt hatte. Er war nicht halb so gut aussehend wie auf seinen Fotos. Egal, dachte ich, sei nicht so oberflächlich, Senna. Wer weiß, vielleicht bringt er einen tollen Charakter mit. Leider war er auch noch dumm. Ich weiß nicht, wie Männer das aushalten mit dummen Frauen – umgekehrt geht's gar nicht.

Aber was soll's, scheiß drauf. Ich sage mittlerweile zu vielen Dingen *Scheiß drauf*. Ich bin gelassener geworden.

SCHEISS DRAUF, dass er nur über sich spricht.

SCHEISS DRAUF, dass er sich nicht gemeldet hat.
SCHEISS DRAUF, dass ich immer noch solo bin.
SCHEISS DRAUF, dass ich bis jetzt nicht geheiratet habe.
SCHEISS DRAUF, dass die anderen Kinder haben und ich nicht.

Du denkst, die anderen haben alle das perfekte Leben? Glaub doch den Bildern auf Social Media nicht! Es ist alles nur äußerlich. Ich kannte ein Paar, die haben die krassesten Bilder gepostet. Traummann, Traumkinder, Traumkarriere, Traumfrau! Trotzdem saß der Mann irgendwann auf meiner Couch und wollte Zeit mit mir verbringen. Damit meine ich nicht nur reden. (Ich habe ihn zum Teufel geschickt.)

Instagram ist eine Lüge! Auch wenn ich mal keinen guten Tag habe, poste ich ein schönes Foto. Muss ja nicht jeder wissen, dass ich heute schlechte Laune habe, weil ich mich mit meiner Mutter gestritten habe oder weil irgendwas beruflich nicht gut gelaufen ist oder weil ich schlechte Nachrichten gekriegt habe. Deshalb: Trau diesen Bildern nicht. Wir sollten damit aufhören, diese Bilder zu bewundern und andere Leute um ihr angeblich perfektes Leben zu beneiden. Das sind Traumschlösser.

Die Wirklichkeit wird nie so sein. Vielleicht kommt es ganz anders. Vielleicht kommt es sogar besser. Ich finde, man sollte sich Ziele setzen und an diese Ziele glauben. Aber sich nicht auf Details versteifen.

Es gibt da draußen so viel mehr als das, was du dir vorstellen kannst. Lass dich doch mal vom Leben überraschen. Es heißt doch auch: Gottes Wege sind unergründlich. Mit dem Schicksal ist es genauso. Mal geht irgendwo eine Tür auf, mal eine zu. Dann wieder eine andere auf. Plötzlich verläuft dein Weg ganz anders, als du dir das ausgemalt hast. Na und? Was zählt denn am Ende? Doch nur, dass du glücklich bist.

Der Rest: Scheiß drauf!

- 9 -

DAS DATE, DAS GANZ ANDERS WAR

Ich hatte mal ein völlig ungeplantes Date. Er lag krank in einem Hotelzimmer, wollte mich aber trotzdem sehen. Meinen Freundinnen habe ich davon nichts erzählt. Sie riefen gegen Mittag an und wollten shoppen gehen. Was sollte ich sagen? Ich war ja ein bisschen unter Zeitdruck. Meine Nägel waren nicht gemacht, ich musste noch Ingwer und Honig besorgen, er hat gewartet ...

Aber weil ich keine Ausrede hatte, bin ich erst mal mit meinen Freundinnen mitgegangen und habe sinnlos Geld ausgegeben. Geh niemals einkaufen, wenn du durcheinander bist! Erst recht nicht bei Gucci! Dann sind wir noch schnell zu einer Nageltante, die hat mir die Nägel so runtergemacht, dass ich kein Nagelbett mehr hatte – egal, Hauptsache sie waren ab. Jetzt musste ich nur noch meine Freundinnen loswerden. Er hat schon die ganze Zeit Nachrichten geschrieben: Wann kommst du denn? Im Supermarkt habe ich noch schnell Tee, Obst und Honig gekauft. Meine Freundinnen waren total erstaunt: *Warum kaufst du so was Gesundes ein?* Ich: *Äh, bei mir bahnt sich eine Erkältung an.*

In dem Moment rief er an – und mein Handy ist ausgegangen, Akku leer. Ich hatte seine Zimmernummer nicht dabei. Ich konnte auch nicht einfach an die Rezeption gehen. Dann hätte es am nächsten Tag in der BILD-Zeitung gestanden! Werdet lieber nicht bekannt, es macht ALLES nur komplizierter. Also habe ich beschlossen, ich laufe nach Hause, lade kurz das Handy, puder mich noch mal nach und zieh mich um.

Als ich zu Hause war, rief meine Freundin Clumsy schon wieder an. *Sag mal, hast du aus Versehen bei Kaiser's meine Nudeln eingepackt? Kannst du mir die vorbeibringen?* Ich also rüber zu ihr, hab ihr die Nudeln gebracht und dabei den Ingwer zu Hause vergessen. FUCK!

Es war wirklich nicht mein Tag. Ich sah auch nicht gut aus. Meine Haare lagen nicht, ich hatte weder Wimpern noch Contouring drauf. Ich war in Joggingsachen!

Ich bin dann einfach so, wie ich war, zu ihm ins Hotel gefahren. Er war so KRANK. Man hätte denken können, er stirbt. Grippe, mit Schüttelfrost und Fieber. Ich hab aufgeräumt, Tee gemacht. Und immer wieder zu ihm gesagt: *Du musst trinken!* Ich habe echt Gefallen daran gefunden, ihn rumzukommandieren. Er musste ja auf mich hören. Ich: *Trink!* Er: *Okay.* Ich: *Trink mehr. Deck dich zu. Warum hast du keine Strümpfe an?* Das hat voll Spaß gemacht, den Diktator raushängen zu lassen.

Ich habe ihn gepflegt, hab ihm eine Suppe bestellt, einen Arzt geholt, ein Antibiotikum besorgt. Ich saß auf seinem Bett – und wir haben geredet und geredet und geredet. Dann habe ich noch mal Ingwer geschnitten und ihn mit japanischem Öl inhalieren lassen.

Kranke Männer sind wie kranke kleine Jungs!

Obwohl es ein Date am Krankenbett war, war alles dabei: Wir haben uns unterhalten, wir haben gegessen, wir haben getrunken. Wir waren sogar im Bett zusammen. Genauer gesagt war ich auf dem Bett, er war in dem Bett – aber da war ein BETT. Wir haben einen romantischen Film geguckt, weil er zufällig im TV lief. KEIN Netflix and chill! Sondern: Kabelfernsehen!

Gegen 23 Uhr habe ich gesagt: *So, jetzt wird geschlafen! Ich muss langsam nach Hause, meine Freunde suchen bestimmt schon nach mir.* Ich habe ihm sein Bett vorbereitet, seinen Schmuck und seine Schuhe gerade hingelegt – ich bin ein akkurater Typ, ich habe so eine Phobie, dass alles immer parallel liegen muss. Beim Rausgehen habe ich noch die Klimaanlage ausgemacht und das Nicht-stören-Schild von außen an die Tür gehängt.

Ich habe mir erste Dates immer ganz anders vorgestellt – siehe Kapitel »Erste Dates«: In einem Restaurant, ich voll krass angezogen, er schön angezogen. Er holt mich ab, führt mich aus, bringt mich wieder nach Hause. Bei diesem Date war alles anders. Er hatte Grippe, wir haben fünf Stunden lang in einem Hotelzimmer gesessen, und ich sah dabei nicht so aus wie in meinen Träumen. Nichts war geplant. Wir hatten trotzdem Spaß. Ich konnte einen Charakterzug von mir zeigen, den man in einem Restaurant niemals sehen würde.

Es war kein normales Date, aber es war ein effektives Date.

Er hat eine Seite an mir kennengelernt, die nur wenige kennen. Meine fürsorgliche Seite. Sie war bei diesem Date non stop im Einsatz. Es ging überhaupt nicht um Sex. Wenn ein Typ dich in sein Hotelzimmer einlädt, dann will er dich normalerweise flachlegen – ganz klares Ding.

Bei diesem Date ging es darum, dass ich mich um einen kranken Menschen gekümmert habe, der fremd in meiner

Stadt ist. Er wird mich immer mit dieser Fürsorglichkeit in Verbindung bringen. Das bleibt in seinem Kopf – und in meinem. Ich glaube, das war ein Tag, den er nicht vergessen wird.

- 10 -

VERSTELL DICH NICHT

Es gibt noch eine andere Geschichte zum Thema Dates, die ich euch erzählen muss. Ich habe mal ein Typen kennengelernt, ein Model, jünger als ich, sehr erfolgreich, sehr süß, aber nicht der hellste im Kopf. Ich habe mit ihm auf Facebook geflirtet, irgendwann haben wir Nummern ausgetauscht. Nach ewigem Hin- und Herschreiben haben wir ein Date ausgemacht.

Vor diesem Date habe ich beschlossen: Senna, du machst es diesmal ganz anders. Du bist mal nicht die starke Frau, sondern das kleine Mädchen. Ich habe sogar meine Stimme zwei Oktaven höhergeschraubt. Und ich habe mich dumm gestellt.

Er hat mich mit seinem fetten Mercedes abgeholt, dann sind wir in ein Restaurant gefahren. Normalerweise weiß ich, was ich essen möchte. Normalerweise hätte ich direkt für ihn und mich bestellt. Diesmal nicht. Ich hab mein Date still und mit großen Augen angeguckt. Er sagte dann so was zu mir wie: *Die gefüllten Ravioli sind echt gut. Magst du sie probieren?*

Ich: *Alles, was du willst.*

Ich habe das wirklich gesagt! *Alles, was du willst.* Meine

innere Feministin hat mich hart verprügelt, richtig BAM, BAM, BAM.

Beim Essen habe ich ihn gefragt: *Und, was machst du so?* Und es ging los. Der Typ hat stundenlang gelabert, ich kam den restlichen Abend nicht mehr zu Wort. Es fing bei seiner Kindheit an und ging ewig weiter und es war sooooo langweilig, typisch Modelgeschichten eben. Ich habe alle paar Minuten ein *Aha* eingestreut, oder ein *wow, krass, süß*. Dabei war ich mit meinen Gedanken ganz woanders.

Am Ende des Abends hat er mich in seine Wohnung gebracht – eine Riesenbude! Wir saßen auf seiner Couch, ich hab weiter die Jenny mit den Plastiktitten gespielt. Er hat mich geküsst, es war schrecklich, aber ich habe ihm das Gefühl gegeben, dass es der beste Kuss meines Lebens war.

Normalerweise datet mich ein Typ seines Kalibers kein zweites Mal. Männer wie er sagen immer, die ist mir viel zu dominant. Aber weil ich eine Rolle gespielt habe, hat er mich wieder angerufen. Kurze Zeit später wollte er mich schon seinen Freunden vorstellen. Wir sind BOWLEN (!) gegangen. Seine Freunde hatten alle ihre Freundinnen dabei. Die Gespräche der Frauen drehten sich nur um Taschen. Sie haben gelabert und gelacht – so: kikikiki. Ich habe auch gelabert und gelacht – kikikiki. Dabei waren das richtig dumme, reiche Gören, an die ich am liebsten mütterliche Schellen verteilt hätte!

Irgendwann hatte ein Freund von ihm Geburtstag, und wir wollten uns alle in einem Club treffen. Ab hier ging die Geschichte schief. Mir wurde ein Jägermeister angeboten. Warum nicht, dachte ich. Eine Runde. Noch eine Runde. Und so weiter. Als ich aber besoffener und besoffener wurde, kam mein wahres ICH zurück. Ich hatte Spaß, ich war laut, ich war lustig, ich war wie ein Typ.

Er hat mich irgendwann zur Seite gezogen und gemeint: *Wer bist du und wo ist die Senna von gestern? Was hast du mit ihr gemacht?*

Ich so: *Ich weiß gar nicht, was du meinst, Digga!*

Meine Stimme wurde immer bassiger. Seine Jungs haben's voll gefeiert. Aber er war echt verstört. Er hat mich später nach Hause gefahren, und wir saßen noch im Auto vor meiner Haustür. Es war eine sehr unangenehme Situation, denn er war auf einmal total distanziert. Ich meinte nur: *Okay. Alles Gute. Haha.* Dann bin ich ausgestiegen.

Ich hab nie wieder von ihm gehört.

Was ich euch damit sagen will: Die Jenny-Nummer kann funktionieren. Je mehr du dich verstellst, desto weniger Angst haben die Männer vor dir. Vor allem Männer, die wenig Selbstbewusstsein haben, suchen sich gerne ein kleines Mäuschen. Aber ganz ehrlich: Nein, danke!

Denn das ist nicht die Sorte Mann, die WIR haben wollen. Der Mann, den du haben willst, mag deine Lautstärke. Er findet sie nicht unangenehm. Vielleicht ist er das Gegenteil von dir – ruhiger, gelassener. Aber er LIEBT dein Temperament, er liebt deine Art, er liebt es, wie du Leute unterhältst. Nur wenn du was ganz Peinliches machst, nimmt er dich heimlich zur Seite und sagt es dir im Stillen, als Freund. Er hält trotzdem immer zu dir.

Der Mann, den du suchst, nimmt dich, wie du bist. Laut, leise, glücklich, traurig, wütend, liebevoll, geschminkt, ungeschminkt. Er mag dich als Freund und als Frau. Er ist mit dir zusammen, weil du DU bist. Und weil du es liebst, DU zu sein. Wenn ein Mann damit nicht klarkommt, soll er zu

Jenny mit den Plastiktitten gehen. Du bist genau richtig, wie du bist!

Wenn du Charaktereigenschaften unterdrückst, die zu dir gehören, kannst du deine Persönlichkeit nie im Ganzen zeigen. Eine Rolle zu spielen, um das Herz eines Mannes zu gewinnen, ist anstrengend und kostet viel Energie. Spiel keine Rolle für ihn. Sei eine Rolle in seinem Leben – und zwar die Hauptrolle. Am erfolgreichsten ist euer Film, wenn du dich selbst verkörperst. Dann wird es ein Blockbuster!

- 11 -

WENN ER EINE ANDERE HAT

Meine Freundin schreibt mir: *Ich muss dir was erzählen! Geh dran.* Wenn deine Freundin DIE neueste Gossip-Information hat, gibt's kein Intro, kein *Wie geht's dir, was machst du, wo bist du.* Nur: *Geh dran!* Wenn du das liest, weißt du: OMG. Endstufe.

Ich: *Was los, erzähl.*
Sie: *Du glaubst nicht…*
Ne.
Doch.
Ne.
Doch.
Dein Ernst? (Ich weiß nicht, worum's überhaupt geht.)
Ja. Aber ganz ehrlich, Senna, zum Glück! (Ich weiß immer noch nicht, um was es geht.)
Und?
Also, ich habe gehört… DANN erzählt sie.
Ne, halt dein Maul.
Ne, halt du mal ganz kurz dein Maul.
Dann beleidigen wir uns. (Wir wollen uns nicht beleidigen, aber wir sind so schockiert vom Gossip.)
Bist du sicher?

100 Prozent.
Halt dein Maul.
Halt du dein Maul.
Dein Ernst?
Mein Ernst.
Dein Ernst. (Spätestens an dieser Stelle frage ich mich, wer Ernst ist.)

Irgendwann lege ich auf. Sie hat herausgefunden: Er hat eine andere. Obwohl ich ja wusste, dass etwas nicht stimmt. Obwohl ich geahnt habe, dass sein Verhalten mit einer Frau zu tun hat. Obwohl ich gespürt habe, dass ich in die Warteschleife gelegt wurde ... WAS FÜR EIN ARSCHLOCH! Ich hasse ihn!

Und wie konnte das passieren? Ich war zu nett. So gehen die Geschichten von netten Mädchen aus. Normalerweise müsste es ganz anders ablaufen. Deshalb fangen wir jetzt noch mal ganz von vorne an:

1. Er ruft dich mit unterdrückter Nummer an

Du gehst ran. Du sagst: *Kannst du deine Nummer nicht senden?* Er kommt mit einer Ausrede. – Leg auf!

Er ruft wieder an. Geh nicht dran! Wenn du drangehst, dann sag: *Ich mag es nicht, unbekannt angerufen zu werden. Entweder rufst du mit Nummer an oder du lässt es sein. Schönen Tag, tschüss.* Auflegen. Sag, was du denkst, aber fass dich kurz. Erzähle keinen Roman. Mach Ansagen! Damit machst du auch deutlich: Es hat nichts mit ihm zu tun. Du magst es einfach nicht. Warum solltest du für ihn von deinen Prinzipien abweichen? Er hat dir noch nicht mal Blumen geschenkt. Deshalb: Sag, was du denkst, aber nicht in der langen Version. Dann beendest du das Telefonat. ER DARF NIEMALS DAS TELEFONAT BEENDEN! Sag meinetwegen: *Ich melde mich später.*

Du meldest dich natürlich nicht. Du hast zu tun. Und ja, Nägel feilen hat auch was mit Kunst zu tun. Das ist wie mit dem Eyeliner. Einmal zu weit nach außen, schon ist alles gefickt. Du hast keine Zeit für Telefonate. Du musst konzentriert sein.

Das machst du, wenn er dich unbekannt anruft.

2. Er ruft an und lädt dich kurzfristig ein

Es gibt Hollywoodfilme, da passiert alles sehr kurzfristig. Beide sind im Terminal 2 am Flughafen, verpassen ihren Flug, gehen spontan einen Kaffee trinken. Das ist schön. Das kommt aber nur in Filmen vor. In der Realität guckt dich der Typ, der dir am Flughafen gegenübersitzt, nicht an. Oder er spricht dich an und du winkst ab: *Nee, ich hab einen Freund.* Dass du spontan am Flughafen ein Match bekommst, wird nicht passieren.

Wenn also ein Typ, den du kennst, zufällig in der Stadt ist und kurzfristig anruft – was tust du? Eigentlich lädt er dich nicht mal ein, er schreibt nur plump: *Lass mal sehen.* Spring nicht! Auch wenn deine Freundin sagt: *Ist doch süß, dass er sich meldet.* Ich sage: Auf deiner Couch war es doch bequem, warum solltest du diesen Zustand ändern? Und wenn du jetzt denkst, ich hatte doch eh nichts Besseres zu tun – doch, hast du! Mach deine Steuererklärung. Sortier deinen Schrank.

Kurzfristig heißt einfach nur: Eine andere Frau ist abgesprungen und er muss die Zeit füllen. Nein, danke! Du schreibst: *Echt nett, aber ich kann heute nicht.* Mehr musst du nicht sagen. Er wird sich wieder melden. Und wieder. Bis er merkt, dass er damit nicht durchkommt. Beim nächsten Mal sagt er dir einen Tag vorher Bescheid. Das ist in Ordnung.

Der einzige kurzfristige Termin, den du immer nehmen solltest, ist Brasilian Waxing. Alles andere: auf gar keinen Fall.

Nur die netten Mädchen springen. Weil sie denken, OH MEIN GOTT, er hat an mich gedacht. Ja, aber denk den Gedanken mal zu Ende: Er hat an dich gedacht, weil ihm jemand anders abgesagt hat. Das ist der komplette Satz.

Die selbstbewusste Frau, die Boss Bitch, würde sagen: *Echt süß von dir, aber heute passt es nicht. Schade. Hätte dich gerne gesehen. Tschüssi.* Sie fragt auch nicht nach einem nächsten Mal. Sie ist freundlich, sie ist erreichbar. Aber sie springt FÜR NIEMANDEN.

3. Wenn er mit dir Schluss machen möchte – mach zuerst Schluss

Du spürst, wenn er Schluss machen will. Du siehst die Anzeichen. Sei nicht dumm! Er wird auch nicht sagen: *Ich muss mal mit dir reden.* Er wird sich langsam, aber sicher aus deinem Leben rausekeln. Das nette Mädchen lässt das ALLES mit sich machen. Und er ist wirklich fies zu dir. Das geht so weit, dass du irgendwann fragst: *Findest du mich hässlich, liegt es an mir?* Diese Phase kommt. Weil er dir das Gefühl gibt, dass du nichts wert bist. Er ist anders als früher.

Wenn du das merkst, lass es nicht über dich ergehen. Das nette Mädchen lässt das lange über sich ergehen, bis sie ganz zum Schluss, nachdem es ihr ALLE geraten haben, endlich schweren Herzens Schluss macht. In der Hoffnung, dass er sie aufhält. DAS WIRD ER NICHT! Er wird sagen:

Okay, alles klar, musst du wissen. Das heißt, das nette Mädchen hat hinterher sogar noch ein schlechtes Gewissen.

Nein. Nein. Nein! So läuft das nicht.

Willst du ein Zeichen setzen? Dann hör auf mich: Bei den ersten ernsten Anzeichen – wenn du merkst, die Kacke ist am Dampfen – machst DU Schluss. Ergreif die Initiative! Geh mit ihm essen. Egal wo, Hauptsache, ihr seid unter euch, an einem Tisch. Du siehst verdammt gut aus. Du riechst gut. Du bist ready für deinen Schachzug. Du lässt ihn erzählen. *Wie war dein Tag?* Du gibst ihm das Gefühl, dass seine Scheißlügen total okay sind. Dann gibst du ihm den Gnadenstoß. Du sagst: *Apropos, ich wollte sowieso mal mit dir reden. Hör zu, ich mag dich. Ich finde, was wir haben, ist was Besonderes. Aber ich merke, wir kommen nicht mehr auf den Punkt. Deswegen sollten wir uns mal mit anderen treffen. Wir sollten eine Pause einlegen. Schauen, was sonst so auf dem Markt ist.*

Die Rechnung kommt. Jetzt erschießt du ihn symbolisch. Denn DU bezahlst heute. Frag nicht, bezahl einfach die verfickte Rechnung, bevor er es tun kann. *Alles gut, ich hab dich eingeladen.* BAM, Ohrfeige.

Und das war's dann. Kein Handykontakt. Kein Instagram-Kontakt. Du bist weg, ohne ihn zu blockieren. Ich weiß, das ist eine harte Nummer. Das nette Mädchen kann das nicht. Die wird als Erstes, wenn sie nach Hause kommt, heulen, sich dann drei Fake Accounts anlegen und original ihre Stalkerphase beginnen.

Die Boss Bitch geht nach Hause und ruht sich aus. Am nächsten Tag macht sie mit ihren Freundinnen Sachen, die sie lange nicht gemacht hat. Lass den Flow kommen! Du bist glücklich und unabhängig und das sieht man auch. Ich garantiere dir: Er wird sich melden und er wird zu dir zurückkommen. Dann kannst du immer noch entscheiden, ob du ihn haben willst oder nicht. Die Entscheidung kann ich dir nicht abnehmen. Aber wenn ich dir einen schwesterlichen Rat geben darf: Schick ihn zur Hölle.

4. Er sagt: *Es ist nicht so, wie du denkst*

Wenn ein Typ diesen Satz zu dir sagt, dann ist es genau so, wie du denkst.

Das ist mir vor vielen Jahren passiert. Ich war ein nettes Mädchen damals. Heute bin ich eine selbstbewusste, nette Frau.

Hätte der Typ, als ich ihn kennengelernt habe, zu mir gesagt, dass er mich hinhalten wird, dass er mich ausnutzen wird, dass er parallel eine Beziehung mit einer anderen haben wird – ich hätte gesagt: *Fick dich.* Aber da ich ein nettes Mädchen war, habe ich die Warnzeichen nicht erkannt. Weil mir die Erfahrung gefehlt hat.

Einmal war ich bei ihm zu Hause. Da standen Frauenschuhe. Ich habe ihn gefragt: *Bist du nachts jemand anderes?* Er: *Häh, wie meinst du das?* Na, wegen der Frauenschuhe. Die gehören seiner Schwester, hat er behauptet. Er muss ja ein tolles Verhältnis zu seiner Schwester haben, dass sie ihre Schuhe in seinem Schlafzimmer stehen lässt, dachte ich. Das nette Mädchen denkt so.

An einem anderen Abend war ich wieder bei ihm. Auf einmal wurde er ganz komisch. Er stand am Fenster, guckte immer wieder raus. Plötzlich sagt er: *Scheiße, sie ist da.*

Wer, deine Schwester?

Nein ... hör zu, wir haben nichts mehr miteinander, wir gehen auch nicht mehr zusammen ins Bett.

In dem Moment habe sogar ich es kapiert: Das ist IHRE Wohnung! Und sie ist NICHT seine Schwester.

Das war echt einer der peinlichsten Augenblicke in meinem Leben.

Was sollen wir tun?, fragt der Depp mich.

Du verlangst jetzt nicht von mir, dass ich in den Schrank gehe oder mich unter dem Bett verstecke?

Nein! Niemals! Aber kannst du raus in den Flur laufen?

Nicht dein Ernst?!

Bitte, Senna!

Ich hab's gemacht. Ernsthaft. Ich habe meine Schuhe ausgezogen, damit sie nichts hört. Ich bin im Hausflur hochgelaufen in den obersten Stock.

Sie kam rein: *Was ist hier los, Schatz?*

Er: *Ich weiß gar nicht, was du meinst, Schatz.*

Ich habe alles mitgehört, die Wände waren echt dünn. Erst als das Flurlicht ausgegangen ist, bin ich leise aus dem Haus geschlichen.

Das hätte der Wake-up-Call sein müssen! Aber er hat mich hinterher so zugequatscht: *Sie ist labil, sie liebt mich so sehr, sie kann nicht ohne mich, glaub mir, da läuft nichts mehr, glaub mir, ich würde dich doch niemals verarschen.* Und so weiter.

So ging es eine Weile weiter. Bis ich eine anonyme SMS bekam. Ich sollte mal diese Nummer hier anrufen. Ich habe angerufen und am anderen Ende ging eine fremde Frau dran. Wir haben kurz gequatscht und sie meinte, dass sie auch mit ihm zusammen ist. Das war der Killersatz, das kennt man sonst nur aus Filmen.

Wenn er also sagt: *Es ist nicht, wie du denkst.* Dann denk verdammt SCHARF nach.

MÄNNERTYPEN

DER FUCKBOY

Manchmal ruft er an, dann wieder nicht. Manchmal denkst du, ihr seid zusammen, dann wieder nicht. Ein Fuckboy meldet sich nur, wenn es ihm passt. Weil er zum Beispiel gerade in deiner Stadt ist. Am liebsten meldet er sich weit nach Mitternacht. Dann schreibt er, du sollst mal ein Foto schicken. Ich weiß nicht, was ein Fuckboy sich vorstellt. Dass wir zu Hause ständig in Spitzendessous herumhocken?

Fuckboys kann man frühzeitig erkennen, denn die Indizien sprechen für sich. Er schickt dir ein Foto von seinem Dingdong? Ganz klares Ding: Kein normaler Mann macht das. Kein normaler Mann schickt dir ein Foto vom Zustand seines Penis. Ein Mann zeigt ihn dir irgendwann – wenn es so weit ist und du ihn sehen willst. Aber er schickt kein FOTO, um für seinen Penis Bestätigung zu kriegen oder damit du ihm ein Foto von deinen Brüsten schickst. Lächerlich! Ein Mann, der dich vielleicht irgendwann seiner Mama vorstellt, macht so was nicht. Also: Wenn du unbedingt Bilder schicken musst (und ich weiß, du schickst Bilder!), dann OHNE KOPF. Bitte! Denn er wird sich mit anderen Typen über dich unterhalten. Ein netter Mann würde das nicht tun. Wenn's hoch kommt, erwähnt er dich in einem Gespräch unter guten Freunden, aber nur ganz kurz. Du bist ihm nämlich heilig.

Ein Fuckboy zeigt deine Fotos rum und erzählt alles, was mit dir und mit dem Sex, den er mit dir hat, zu tun hat.

Männer können wie Klatschweiber sein. Du musst dir das vorstellen wie in der Umkleidekabine nach dem Fußballtraining. Er erzählt JEDES DETAIL. In seiner Version. Auch, ob du gesagt hast: *Normalerweise tu ich so was nicht.* Sag diesen Satz niemals. Auch wenn er dir vorne auf der Zunge liegt. Denn für den Fuckboy sind das die Zauberworte, um das Tor zu öffnen. Die Normalerweise-tu-ich-so-was-nicht-Mädchen werden von Fuckboys sofort als Schlampen abgestempelt. Und wo es einen Fuckboy gibt, gibt es mehr Fuckboys. Du bist am Arsch. Daher: Sag es nicht.
Sonst kommen sie alle aus ihrer Fußballkabine und sind hinter dir her.

>Sätze, an denen ihr Fuckboys sofort erkennt:
>*Lass mal schauen, was passiert.*
>*Musst du wissen.*
>*Es liegt nicht an dir, es liegt an mir.*
>*Ich kann mich noch nicht binden, aber ich mag dich sehr.*
>*Ich bin nicht so wie die anderen.*

Anderes Erkennungszeichen eines Fuckboys: Ihr seid cool miteinander, geht sogar miteinander aus. Dann trefft ihr seine Freunde. Wenn er beim Vorstellen nur deinen Namen nennt, ohne den Zusatz *meine Freundin* oder so ähnlich, dann weißt du Bescheid. Du bist nur die, die gerade aktuell ist.

Dass er bei Dates nicht auftaucht, passiert oft. Ein Fuckboy sagt aber nicht ab – sondern verschiebt das Treffen einfach immer weiter nach hinten, einmal, zweimal, dreimal. Je später, desto besser. Wenn du dich dann aufregst, kommt er mit einer billigen Ausrede, die dich in dem Moment besänftigt. Du vergibst ihm natürlich. Dabei hat er dich in die Warteschleife gelegt!

Ich habe einmal einen Fuckboy gefragt, ob er noch mit anderen schreibt. Die typische Antwort lautet: *Momentan schreibe ich nur mit dir.* Seine Antwort war aber krasser: *Ach so, du hast gedacht, du bist die Einzige?* Oh Gott, das war soooo ein unangenehmer Moment! Ich bin sofort zurückgerudert und habe ihm ganz lässig bestätigt, dass es *total in Ordnung* sei, dass er mit anderen schreibt. Dabei dachte ich: Was für ein Arschlosch!

Woran du den Fuckboy auch erkennst: Er hat null Interesse an deinem Leben. Du kannst lange darauf warten, dass er fragt, wie dein Tag gelaufen ist. Wenn du ihm trotzdem etwas erzählen willst, musst du Informationen über ihn dazu packen, damit es für ihn interessant bleibt. Das geht dann so: Er sitzt dir gegenüber, du fängst an zu reden. Sein Blick schweift ab, er guckt ganz woanders hin. Dann erwähnst du seinen Namen – oder noch besser: den Sex mit ihm – und BOOM, ist er wieder wach. Dann sprichst du weiter, erzählst, was dir heute alles passiert ist. Zum Beispiel, dass dich dein Chef genervt hat und du keine Lust mehr hast, in deinem Beruf zu arbeiten, weil du eigentlich etwas ganz anderes machen willst und weil es dein größter Traum ist, Tierärztin zu werden ... Seine Augen werden dabei immer kleiner und kleiner. Also sagst du, dass du beim Thema Tierärztin und Tiere an eine bestimmte Sexstellung gedacht hast, die du gerne mit ihm ausprobieren würdest – schon ist er wieder da! Wenn du es so vermischst, ja, dann kannst du dich mit einem Fuckboy unterhalten.

Ob du einen Fuckboy ändern kannst? Klare Antwort: Nein.

Wann der Fuckboy keine Lust mehr auf dich hat? Wenn du sagst: *Ich will eine feste Beziehung.*

Oder wenn du fragst: *Was ist eigentlich mit uns? Wo stehen wir jetzt und wie geht das mit uns weiter?*

Er wird dir antworten: *Ey, Süße, du bist cool, aber lass doch einfach mal schauen, was passiert.*

Die richtige Antwort darauf wäre: *Das Einzige, was passieren wird, ist ein Genickbruch, du Wichser!*

Fuckboys sind eitel. Sie sind top gestylt und wissen, wie gut sie ankommen – das ist das Problem. Die meisten Fuckboys sind eigentlich gar nicht so gut aussehend, aber ihre Unerreichbarkeit macht sie so anziehend für uns. Der Fuckboy ist absolut von sich überzeugt. In seinem Rudel ist er der Frontmann. Dich nennt er Schatz oder Baby.

Du kannst ihn auch an seiner Schreibweise erkennen. Wenn er dir schreibt, benutzt er viele Smileys. Warum? Weil er zum Tippen zu faul ist. Denn er muss ja währenddessen noch mit anderen Frauen schreiben. Einer der schlimmsten Smileys, den jeder Fuckboy benutzt (und wir Frauen reagieren alle AGGRESSIV auf diesen Smiley), ist der Zwinker-Smiley 😉. ICH HASSE DIESEN SMILEY.

Was machst du 😉

Wenn du antwortest, dass du zu Hause bist: *Schick mal Foto.*

Er will immer ein Foto. Am besten von deinem Körper. Dann macht er dir Komplimente mit seinem Fuckboy-Smiley. Das Feuerzeichen 🔥 ist auch ein Fuckboy-Emoji.

Ein Fuckboy trifft sich gerne spät am Abend und am besten gleich bei dir. Das erspart ihm Kosten. So können ihn seine anderen Weiber auch nicht erwischen. Die Treffen mit dem Fuckboy sind kurz und knapp. Netflix and chill.

Er kommt zu dir und du wirst einen Scheißdreck von dem Film sehen, so schnell ist er bei dir drin. Und genauso schnell ist er wieder raus. Er übernachtet natürlich NICHT bei dir. Ein Fuckboy hat nach dem Sex auf einmal um drei Uhr morgens einen gaaaaaanz wichtigen Termin. Er ist ja erstens der Nabel der Welt und zweitens ein Superhero, der die Menschheit vor bösen Verbrechern beschützen muss. (Mein Kommentar, wenn er Netflix and chill machen will: Netflix ja, aber lieber allein.)

Am nächsten Tag meldet er sich nicht. Die Frau meldet sich. Vorher hat sie alles stundenlang mit ihrer Freundin diskutiert. Bis sie zu dem Entschluss gekommen ist, ist doch okay: Wenn er sich nicht meldet, kann ich mich doch melden. Sie fragt, wie's ihm geht. Daraufhin kommt die sehr kurze Antwort: *Mir geht's gut.*

KEIN Smiley. Die Smiley-Zeit ist vorbei. Ist ja nicht mehr nötig.

Aber keine Sorge, die Smileys kommen wieder. Denn nach Wochen wird er sich wieder melden, aus dem Nichts heraus, und dann fängt die Scheiße von vorne an.

Es ist vielleicht nicht zu vermeiden, mal einen Fuckboy zu haben. Nur wenn du darauf hängen bleibst, verpasst du das Beste im Leben – dich selbst. Und den Mann, der es ernst meint mit dir.

Du sollst nicht alle Männer auf der Welt hassen und aus deinem Leben verbannen. Du sollst nur möglichst schnell verstehen, dass es einen großen Unterschied gibt zwischen einem Fuckboy und einem Mann. Dazwischen liegen Welten. Und du sollst dich bitte selbst wertschätzen. Sag dem Fuckboy: Bis hier und nicht weiter!

Das wird für den Moment wehtun, aber mit der Zeit wirst

du stärker und stärker. Der Fuckboy wird kleiner und kleiner. Am Ende rennt ER dir hinterher, hundertprozentig. Dann hast du ihn endgültig besiegt.

MERKZETTEL

— Einen Fuckboy kannst du nicht ändern.
— Einen Fuckboy hast du nie für dich allein.
— Ein Fuckboy ist eigentlich hässlich – und macht hässlich.
— Bei einem Fuckboy gibt es immer ein Verfallsdatum.
— Ein Fuckboy ist ein Egoist und interessiert sich nur für sich.
— Ein Fuckboy ist die schlechte Version von dem Traummann, den du dir wünschst.

DER SCHNORRER

Ich war damals noch ziemlich jung und habe als Kellnerin im Hard Rock Café in Frankfurt mein Geld verdient. Ich habe meinen Realschulabschluss gemacht und hatte danach verschiedenste Jobs. Ich hätte Abi machen können, aber ich war zu abgelenkt von der Idee, dass ich Sängerin werden und auf die Bühne wollte …

Anyway, in der Zeit habe ich einen Musiker kennengelernt. Total interessanter Typ. Unsere erste Begegnung war bei einer Party. Er hat mich mit seinen großen Augen angeguckt. Die Anziehungskraft war unfassbar, ich war wie magnetisch von ihm angezogen. Es kam gar nicht zu einem Gespräch, wir haben auch keine Nummern ausgetauscht. Früher existierte kein Social Media, es gab nur Handys mit Prepaid-Karten – und die Karte war bei mir immer leer. Außerdem hatte ich einen älteren Bruder, der auf mich aufgepasst hat und der in Frankfurt ziemlich bekannt war. Das heißt, wenn sich ein Junge für mich interessiert hat, war es ihm besser ernst. Denn sonst hätte mein Bruder ihn gekillt.

Zwei Wochen später war ich auf einer geilen Hip-Hop-Party. Ich hatte mega Spaß – auf einmal steht der Typ wieder vor mir. Diesmal hat er mich angesprochen und gefragt, ob ich eine Zigarette will. *Ja, gerne!* Obwohl ich vorher noch nie geraucht hatte. Er hat mir Feuer gegeben und ich habe fürchterlich angefangen zu husten. *Geht's dir gut?*, hat er gefragt.

In dem Moment hat es in meinem Kopf Klick gemacht: Er ist mein RETTER! Mein Held! Ich hatte diese Vorstellung, dass der erste Mann, der mich rettet, der richtige ist.

Ihr wisst, wie wir Frauen uns sofort alles ausmalen. In diesem Fall war er der Typ mit dem weißen Schimmel, der mich abholt. Der Prinz, der mich zur Prinzessin macht. Ja, ich weiß, es hätte jeder sein können.

Es ist auch erst mal gut gelaufen, wir haben uns gut verstanden. Er war einfach so cool. Aber er hatte weder einen Job noch eine Perspektive. Nur den Traum berühmt zu werden. Ich dachte, egal, wir sind Künstler, wir leben von Luft und Liebe. Erst nach einer Weile – als ich auf die Rechnungen und meinen Kontostand geschaut habe – habe ich kapiert, dass man von Luft und Liebe nicht so gut leben kann.

Ich war diejenige mit dem Job. Wenn wir ausgegangen sind, habe ich bezahlt. Ich habe für diesen Mann mein Konto geleert. Auch das war mir egal. Ich dachte, dann bin ich halt mal eine Weile der Clyde und er die Bonnie. Irgendwann werde ich alles zurückbekommen. Zusammen bauen wir ein Imperium auf. Ich habe mir ausgemalt, wie er seinen Durchbruch schafft und mich dann wie eine Königin behandelt. Wenn er Awards gewinnt, wird er immer als Erstes sagen: *Ich danke vor allem meiner Frau, denn ich habe ihr ALLES zu verdanken ...*

Blöd nur, dass ich mit dieser Idee alleine war. Es kam nämlich anders. Ich fand raus, dass er nebenbei noch eine andere Freundin hatte, von der er sich auch aushalten ließ. Ich habe mich sogar mit der Frau getroffen. Sie hat mir gezeigt, dass er ihr dieselben Kosenamen gegeben hat wie mir. Er hat sogar SMS mit demselben Inhalt gleichzeitig an uns beide abschickt.

Ein Schnorrer ist es gewohnt, dass Frauen ihm alles hinterherschmeißen. Wenn ein Schnorrer dann noch dieses charismatisch-rätselhafte Auftreten hat, auf das wir Frauen so abfahren, kann man ihm nur schwer widerstehen. Weil wir Frauen einen Jagdinstinkt in uns haben: Was fern ist, wollen wir unbedingt. Das macht den mysteriösen Schnorrer so attraktiv. Aber wenn er faul auf deiner Couch festklebt, merkst du irgendwann, dass du das eigentlich gar nicht willst. Du willst nicht alles alleine stemmen, du willst nicht der Mann in der Beziehung sein. Wenn du mit einem Schnorrer zusammen bist, bist du immer der Mann.

Wenn ein Schnorrer dich zu einem Date einlädt, dann fragt er: *Was willst DU denn machen?*

Er ist nicht charmant, er ist einfach faul. Du antwortest natürlich: *Das, was du machen möchtest.*

So geht das Gespräch eine Weile hin und her – und irgendwann wirst du den ganzen Abend planen. Du findest, dass er total aufmerksam ist, dabei hast nur du dir Mühe gemacht. Du hast dich mit deiner Freundin beraten, du hast Zeit und Nerven investiert, um das perfekte Date zu arrangieren. Du hast die ARBEIT gehabt.

Und wenn du während des Dates ausführlich erzählst, was du magst und was nicht – dann wird in den nächsten zwei Wochen genau das passieren! Er merkt sich das nämlich. Er wird morgens anrufen und fragen, wie es dir geht. Abends möchte er deine Stimme noch mal hören. Er will dich sehen, er macht dir Komplimente. Du denkst, oh mein Gott, so hat sich noch NIE ein Mann benommen!

Trotzdem lautet mein Ratschlag an die Frauen da draußen: Macht die Augen auf, Mädchen! Wenn der Typ in den ersten Dates auf die Rechnung guckt und wartet, dass du dein Portemonnaie zückst, ist das schon ein Warnhinweis. Es ist mir egal, wenn jetzt alle Männer aufschreien und sagen: Ihr Frauen wollt doch immer gleichberechtigt sein! GEIZ hat nichts mit Gleichberechtigung zu tun. Nur weil ich als Frau in meinem Job genauso bezahlt werden möchte wie ein Mann – deshalb soll ich automatisch auf einen Gentleman verzichten? Das hat NICHTS miteinander zu tun. Wenn es dann wieder heißt, wir Frauen würden die Fakten immer so hindrehen, wie es uns passt – das stimmt nicht! Frauen werden schließlich immer noch schlechter bezahlt für dieselbe Arbeit.

Warum soll der Mann bei einem Date bezahlen? Simple Antwort: Er hat doch nach dem Date gefragt. Was glauben die Männer, was wir Frauen für das Date ausgeben? Make-up, Haare, Schuhe, Kleid – das kann er mit einem Essen noch lange nicht aufwiegen.

Ein Schnorrer ist gut für eine ganz kurze Zeit, um das eigene Ego aufzupushen. Aber man erkennt schnell, dass bei ihm mehr Schein als Sein ist. Spätestens wenn dein Konto im Minus ist, ist es mit Luft und Liebe und dem ganzen Drumherum vorbei. Und der Prinz verwandelt sich in einen Hartz-IV-Patienten. Er hat bei dir seine Wartenummer gezogen und denkt, du bezahlst ihm jetzt seinen Lebensunterhalt.

Wenn mir heute jemand die Frage stellt, wie soll dein Traummann sein, dann zähle ich drei Dinge auf. Erstens: Er soll lustig sein. Zweitens: Ich muss ihm vertrauen können. Drittens, und das ist bei mir weit vorne, das sage ich sogar laut und mit *attitude*: Er soll GELD verdienen!!!

Nicht falsch verstehen: Ich bin keine Bitchlorette. Aber ich will, dass er Geld hat, damit wir uns auf Augenhöhe begegnen. Ich will sein Geld nicht für mich, ich verdiene mein eigenes. Ich will nur nicht, dass ich ihn irgendwann mal finanzieren muss. Natürlich gibt es Zeiten im Leben, wo man sich als Partner gegenseitig unterstützt. Aber ich will einen Mann mit einem Ziel im Leben. Es gibt einen großen Unterschied zwischen einem Schnorrer und einem Mann, der gerade beruflich eine Krise hat. Ein Mann mit einem Ziel wird sein Leben über kurz oder lang wieder geregelt kriegen. Ein Schnorrer macht es sich leicht: Er lässt sich einfach von dir aushalten. Wenn du ihn verlässt, sucht er sich die Nächste, die das mitmacht.

MERKZETTEL

— Ein Schnorrer ist anfangs anziehend.
— Nach kurzer Zeit will er aber nicht mehr ausziehen.
— Anfangs seid ihr wie Bonnie und Clyde.
— Zum Schluss ist er Bonnie und trägt dein Kleid.
— Fazit: Ein Schnorrer ist schlecht für dich und noch schlechter für dein Konto.

DAS MUTTERSÖHNCHEN

Als mir zum ersten Mal mein Herz gebrochen wurde, hat meine damalige Managerin zu mir gesagt: Schreib deine Wünsche doch mal auf. Wie soll er sein, dein Traummann?

Das habe ich gemacht. Ich weiß noch, wo ich den Zettel geschrieben habe. Wir waren auf dem Weg zu einem Monrose-Konzert. Ich bin zum ersten Mal in einem Privatjet geflogen! Es war eine besondere Gelegenheit, so nah dem Himmel. Ich dachte, vielleicht bin ich hier Gott ein bisschen näher. Vielleicht wird mein Wunsch ein bisschen mehr erhört. Der Himmel war rosa, es war kurz vor Sonnenuntergang ... Traumhaft schön, also warum nicht den Traummann herbeiwünschen?

Wochen später ist er mir begegnet, der Mann von meiner Liste. Wow!

Leider hatte ich bei der Auflistung ein wichtiges Detail vergessen: Er darf nicht mehr bei seiner Mutter wohnen.

Jeder Mann, der in einem gewissen Alter noch bei seiner Mutter lebt, der ist nur seine Mutter gewohnt. Und Mütter kannst du nicht toppen. Wenn meine Mutter Wäsche wäscht, ist das unfassbar – den Duft gibt es eigentlich gar nicht. Ich bin auch eine gute Hausfrau, aber wenn meine Mutter putzt, haben die Wände und Fußböden anschließend eine andere Farbnuance. So hell! Dasselbe, wenn Mama den Schrank sortiert ... Ich wusste gar nicht, dass ich SO VIELE Oberteile besitze! Und selbst ein Sternekoch kann die Gerichte einer Mutter nicht übertreffen. Wenn du krank bist, greift sie nicht nach Aspirin – sie mischt selbst was zusammen. Es schmeckt unfassbar gut und macht dich gesund. Das kann nur eine Mutter.

Wenn ein Typ mit 25 noch nicht ausgezogen ist, wenn seine Mutter noch immer seine Wäsche wäscht – dann erwartet er das alles genauso von seiner Partnerin. Das willst du aber nicht und das kannst du nicht. Deshalb ist er immer wieder enttäuscht. Und er wird sich nicht von seiner Mutter abnabeln, das kannst du vergessen. Für den seltenen Fall, dass er sich doch abnabelt und für dich entscheidet, dann wirst DU den Krieg mit seiner Mutter austragen. Dafür bist du nicht stark genug. Darth Vader ist ein Scheiß gegen eine Mutter. Wäre Darth Vader eine Mutter gewesen, hätte sie überlebt – hundertprozentig!

Denn die Macht einer Mutter ist krasser als das Universum. Mütter sind Löwinnen. Wenn sie merken, da ist ein weibliches Wesen, das versucht, ihr den Sohn wegzunehmen – dann bist du dran. Dann beißt sie zu.

Es gibt eine Bindung zur Mutter, die total gesund ist. Mein Bruder hat ein enges Verhältnis zu meiner Mutter. Er liebt meine Mutter. Und meine Mutter liebt meinen Bruder sehr, weil er der Erstgeborene und auch weil er der einzige Sohn ist. Aber hat sie ihn verhätschelt und wollte ihn davon abhalten, sein eigenes Leben zu führen? Nein. Wenn du einen Mann mit einer gesunden, engen Bindung zu seiner Mutter kennenlernst, dann musst du das Herz dieser Mutter erobern. Wenn du die Mutter auf deiner Seite hast, hast du gewonnen.

Deshalb gebe ich dir noch einen Rat: Wenn du mit einem

Mann zusammen bist und es gibt Konflikte zwischen ihm und seiner Mutter – misch dich niemals ein. Hör ihm zu, aber misch dich nicht ein. Sie ist seine Mutter, sie hat ihm das Leben geschenkt, das kannst du nicht übertreffen. Sei für ihn da, versuch eine neutrale Lösung zu finden. Aber das Verhältnis zu seiner Mutter darf niemals kaputt gehen. Erst recht nicht wegen dir. Versuch niemals, ihr ihren Platz streitig zu machen.

Zurück zur Wunschliste. Mach es schlauer als ich. Schreib auf: Er soll ein tolles Verhältnis zu seiner Mutter haben. Wenn er seine Mutter gut behandelt, behandelt er auch alle anderen Frauen gut. Er soll seine Mutter lieben – aber er soll verdammt noch mal AUSGEZOGEN sein!

MERKZETTEL

Bei einem Mann, der immer noch bei seiner Mutter lebt oder dessen Leben bestimmt wird von seiner Mutter – da musst du schlau sein. Sein Herz hast du, aber wenn du auch noch das seiner Mutter eroberst, dann hast du sein Herz FÜR IMMER. Leg dich niemals mit seiner Mutter an. Du kannst jeden Kampf gewinnen, aber diesen wirst du verlieren. Wenn sie schrecklich ist, musst du trotzdem durch. Ich wünsch dir eine gute Schwiegermutter, Schwester!

DER VERHEIRATETE MANN

Es macht für mich einen Riesenunterschied, ob ein Mann geschieden oder noch verheiratet ist. Auch wenn viele Frauen sich einreden: Ich kenne die andere ja nicht – darum geht es nicht. Es geht um Karma. Ein vergebener Mann wird immer sagen, seine Frau sei völlig verrückt, wenn es zu Hause gerade nicht gut läuft. Er wird sagen: *Sie ist ein Monster, eine Furie, krankhaft eifersüchtig. Glücklich sind wir schon lange nicht mehr – sondern kurz vor der Trennung!*

Wir denken dann: *Oh, der Arme!*

Aber hast du mal darüber nachgedacht, warum seine Frau so ist? Vielleicht treibt ER sie ja in den Wahnsinn.

Das Ding ist: Für einen verheirateten Mann ist das Fremdgehen ein Abenteuer. Aber ein verheirateter Mann wird seine Frau nicht für dich verlassen. Selbst wenn er sie verlässt – dann wird er irgendwann dasselbe mit dir tun. So oder so kannst du in diesem Spiel nicht gewinnen. Im schlimmsten Fall hängst du jahrelang an einem Typen, der dich immer weiter hinhält – und du verlierst den Blick für alle anderen, die dir in der Zeit begegnen könnten.

Egal, wie du es drehst oder wendest: Lass die Finger von einem Mann, der vergeben ist. Er hat null Respekt vor seiner Frau, warum sollte er Respekt vor dir haben? Er benutzt dich nur, um sein Ego zu pushen. Männer entfliehen aus langen Beziehungen, weil ihnen die Routine im Alltag nicht gefällt.

Was Männer nicht verstehen: Jede Frau wird irgendwann mal Dinge verlangen. Wird ihren Mann anmeckern, wenn er den Müll nicht rausgebracht hat. Oder weil er zu spät nach Hause gekomen ist oder nicht zurückgerufen hat.

Am Anfang ist alles cool. Aber sobald die Beziehung auf ein anderes Level kommt, wird die Frau in seinen Augen unbequem. Dabei ist es ganz normal, dass eine Frau wissen möchte, wo ihr Mann ist. Dass sie möchte, dass er ihr zurückschreibt, wenn sie ihm eine Frage stellt. Es geht um Respekt, nicht um Kontrolle.

Außerdem haben wir Frauen einen siebten Sinn, ein Bauchgefühl – wir spüren, wenn etwas nicht stimmt.

Fast alle Männer wünschen sich mehrere Frauen, das ist genetisch in ihnen verankert. Aber es gibt mehrere Sorten Fremdgänger: Typ eins macht es und hat überhaupt kein schlechtes Gewissen. Weil er sich denkt: Was meine Frau nicht weiß, macht sie nicht heiß. Dann gibt es den zweiten Typ, der hat es einmal gemacht. Aber er wird es nie wieder machen, weil er lange betteln musste, damit ihn seine Frau zurücknimmt. Dann gibt es den dritten Typ, der würde es nie machen. Aber hätte er die Garantie, dass es NIEMALS rauskommt, würde er es vielleicht doch machen.

Wenn FRAUEN fremdgehen, ist die Beziehung tot, denn in der Regel verlieben wir uns in den Neuen. Bei Männern ist Fremdgehen ein Ausflug fürs Ego. Weil ihnen zu Hause irgendetwas fehlt. Zum Beispiel nach der Geburt. Wenn eine Frau ein Baby bekommt, richtet sie ihr komplettes Augenmerk auf ihr Kind. Weißt du, wie viel Aufmerksamkeit ein kleines Kind verlangt? Meine beste Freundin Clumsy hat ein Kind. Wenn ich auf Clumsy junior aufpasse, kann ich nicht telefonieren, nichts essen, nichts trinken – weil ich mich komplett auf das Kind konzentriere. Was um mich herum passiert, ist mir scheißegal. Wie ist es dann erst bei einer Mutter? Und ja, in dieser Phase gibt sie ihm vielleicht nicht mehr ihre ganze Aufmerksamkeit. So what? Gibt das einem Mann das Recht, wie ein Feigling heimlich zu einer anderen zu rennen?

Und wenn ihr Typen denkt, mit der Neuen erlebt ihr den ewigen Sommer, dann sage ich euch eins: Werdet ihr nicht. Der nächste Winter kommt garantiert.

Wenn ein verheirateter Mann auf deiner Couch hockt, jag ihn zum Teufel. Das ist Zusammenhalt unter Frauen! Du musst die andere nicht kennen – du kannst trotzdem eine Schwester sein. Dafür braucht es nicht viele Worte. Es gibt nur eine Regel: Fass den Mann einer anderen nicht an.

Und selbst wenn ihr zusammenkommt, wirst du immer die Frau sein, die einer anderen den Mann ausgespannt hat. Du wirst für immer die sein, mit der er fremdgegangen ist und die die Ehe kaputt gemacht hat. Den Ehrentitel hast du. Wenn du jetzt denkst, es gibt aber Ausnahmen – ja, gibt es. Aber wer sagt, dass du die eine von Tausend bist?

Deshalb, an die Frauen da draußen: Der verheiratete Mann, mit dem du Zeit verbringst, wird Gift sein für dich und dein Herz. Seine Frau wird gewinnen, nachdem sie ihn rausgeschmissen hat. Er wird gewinnen, denn er hatte zwei Frauen parallel. Du wirst die Verliererin sein.

MERKZETTEL

Hast du einen vergebenen Mann im Haus,
sei schlau, schmeiß ihn raus. Punkt, Ende, aus.

ME, MYSELF AND I

Ich war mal sehr scharf auf einen Typen. Ich fand ihn richtig heiß, den ganzen Tag habe ich an ihn gedacht. Irgendwann saß er tatsächlich in meinem Wohnzimmer – und hat nur über sich geredet. Ich, ich, ich. Auf einmal fiel mir auf: Was ist das eigentlich für ein Depp? Ich habe ihm zugehört und gedacht, oh Gott, bist du peinlich. Ich saß da, sprachlos, mit angeekeltem Blick. Als ob du jemandem mit einem eitrigen Pickel gegenübersitzt. Du kannst nicht aufhören, da hinzugucken. Weil der Pickel so gigantisch groß ist, dass der Kopf zur Nebensache wird.

Zum ersten Mal in meinem Leben habe ich gespürt, was Zeitverschwendung bedeutet. Dass meine Zeit eigentlich kostbar ist und dieser Lackaffe mich nervt. Die ganze Zeit habe ich nur gedacht: Wow, Senna, dein Ernst? Du musst jetzt sofort einen Schlussstrich ziehen!

Das war ein *Me, Myself and I*-Typ. Woran man die erkennt? Ganz einfach. Du fragst auf WhatsApp: *Wie geht's dir?* Er schreibt: *Gut.* Aber wo bleibt sein *Wie geht es dir?*

Das kommt nicht. Es kommt auch nicht später. Seine Sätze fangen mit Ich an und hören mit Ich auf. Neulich habe ich wieder so einen Typen kennengelernt. Unser Chatverlauf ging ungefähr so: *Na, wie geht's dir?* Seine Antwort: *Ich bin gerade gelandet, ich kann nicht mehr.* Zweimal Ich in einem Satz. Keine Gegenfrage.

Solche Männer leben komplett für sich alleine. Sie sehen nur sich. Vielleicht haben sie mehrere Frauen, aber ihre Priorität sind immer nur sie selbst. *Ich bin gerade gelandet, ich kann nicht mehr.* Darauf kann man nichts antworten. Das ist kein Anfang von einem Gespräch. Das ist gar nichts. Also, Leute: Ihr merkt es eigentlich schon in den ersten Sekunden. Wenn ein paar Ich zu viel sind und weit und breit kein Du, dann wisst ihr Bescheid.

MERKZETTEL

Wenn dir ein *Me, Myself and I*-Typ begegnet und er sagt *Hi*, sag *Bye*. Belass es bei dieser Kurzgeschichte. Sonst bist du mit jemandem zusammen, der eigentlich mit sich selbst zusammen ist. Die bessere Option wäre: Du baust mit dir selbst eine gesunde Beziehung auf. Das bringt dir wenigstens was.

MR. WRONG MOMENT

Die meisten Männer sind schwierig in eine Beziehung zu bekommen. Du kannst dich jeden Tag mit ihnen treffen – aber die Vollidioten sprechen es nie aus. Oder hast du schon jemals gehört, dass ein Mann eine Frau gefragt hat: *Sind wir jetzt zusammen?* Das kommt sehr selten vor. Eigentlich fragen das IMMER die Frauen.

Der Typ macht sich keine Gedanken. Er will einfach nur, dass es läuft. Deshalb versucht er, es unausgesprochen zu lassen, bis er nicht mehr rauskommt aus der Nummer. Dann denkt er: Okay, ich weiß, wie sie ungeschminkt aussieht, wir haben uns gestritten und wieder vertragen, wir haben guten Sex, dann sind wir halt zusammen. Es könnte funktionieren.

Doch bei einem Mann, der gerade aus einer langjährigen Beziehung kommt oder beruflich sehr erfolgreich ist – da ist es anders. Bei diesem Mann ist im Moment kein Platz im Leben für eine Frau. Es gibt Menschen, die sind frisch getrennt und wollen jetzt erst mal genießen.

Mr. Wrong Moment ist kein schlechter Mensch. Aber er will frei sein. Er ist ein wilder Falke. Er liebt es, seine Flügel auszustrecken und zu fliegen, wohin er will. Irgendwann wird er eingefangen werden, mit Köder, Lederhandschuh und Haube. Aber ist das schön? Und willst du wirklich der Falkner mit dem Handschuh und der Haube sein? Nein.

Ein Mann sollte nicht »eingefangen« werden. Er soll die Beziehung von sich aus wollen. Mr. Wrong Moment wäre vielleicht sogar ein Kandidat. Aber in diesem Fall ist es die Zeit, die nicht stimmt. Also lass ihn fliegen.

MERKZETTEL

Manchmal kann Liebe auch darin bestehen, einem Menschen seine Freiheit zu lassen, damit er fliegen kann, wohin ihn die Winde tragen. Wenn man liebt, sollte man loslassen. Wenn es wahre Liebe zwischen euch ist, kehrt er zurück. Irgendwann stimmt der Zeitpunkt vielleicht doch bei euch beiden. Wichtig ist nur: Warte nicht auf ihn. Flieg selbst! Der Himmel hat keine Grenzen. Wer weiß, was noch alles Schönes vor dir liegt.

DER SINGLEMANN

Der Unterschied zwischen dem Singlemann und dem Fuckboy? Der Fuckboy nimmt ALLES. Der Singlemann lebt sein Singleleben. Hier und da hat er mal eine Geschichte, aber eigentlich ist er eher ein gediegener Typ.

Ich hatte mal eine sehr lustige Begegnung mit einem Singlemann. Erst per WhatsApp, dann am Telefon. (Ich habe das natürlich nur für die Buchrecherche gemacht!) Dieser Singlemann wollte mich unbedingt treffen, er hat immer gefragt: *Was magst DU? Was willst DU?* Der Singlemann fragt nach deinen Bedürfnissen – anders als der Fuckboy, dem erzählst du alles automatisch. Trotzdem läuft es auf dasselbe hinaus.

Irgendwann habe ich ihm – alter Trick von mir – einen langen Text geschickt. Auf was ich anecke und auf was ich nicht anecke. Dass ich Küssen mag. Kuscheln. Anfassen. Die Infos habe ich irgendwo mitten in dem langen Text versteckt.

Anders als der Fuckboy liest der Singlemann deine Texte. Aber das Einzige, was nach dem Lesen in seinem Kopf hängen geblieben ist, war: Küssen! Darauf hat er beharrt. Er hat so was geschrieben wie: *Wenn ich dich küssen sollte, kann ich für nichts garantieren. Dann werde ich über dich herfallen.*

Der Typ hatte mich zu dem Zeitpunkt noch nie in echt gesehen. Wir waren noch nicht einmal zusammen essen.

Er konnte nicht wissen, ob ich vielleicht drei Titten habe. Aber geplant hatte er schon alles. Das heißt, du weißt, was passiert: Das hier wird eine kurze und knappe Geschichte.

Ich habe zurückgeschrieben: *Können wir ehrlich miteinander reden? Dann ruf mich an.*

Hat er gemacht. Ich habe mir dann erlaubt, ihn zu analysieren. Ich habe zu ihm gesagt: *Du bist ein ganz netter Typ. Ich glaube auch, dass du denkst, dass du allen Frauen die Wahrheit sagst. Aber du sagst nicht die Wahrheit – du umschreibst sie. Wenn du die Wahrheit sagen würdest, müsstest du sagen: Pass auf, wir werden einen tollen Abend miteinander verbringen. Ich werde dir alle Komplimente der Welt machen. Wir werden einen Film deiner Wahl anschauen, bis zum Schluss. Du wirst in meinen Armen einschlafen. Mitten in der Nacht werde ich versuchen, dir näher zu kommen und es wird dir eine Menge Spaß machen, weil ich alles dafür tun werde, dass es dir gefällt. Am nächsten Tag werde ich dir sogar Frühstück holen. Dann werde ich mich verabschieden. Ich werde dich sogar noch mal anrufen, damit du nicht denkst, dass ich ein Arschloch bin. Ich lass mir die Tür einen Spalt offen, weil wir ja Spaß hatten. Vielleicht werden aus dem One-Night-Stand drei Mal, vier Mal oder fünf Mal. Eine schöne Affäre. Bis ich jemand anderes kennenlerne. Danach werden meine Anrufe weniger. Ich will mich nicht an dich binden. Eine Beziehung zwischen uns wird das hier niemals. Aber du bist trotzdem cool.*

Das wäre ehrlich gegenüber den Frauen. Aber was würde passieren, wenn ein Singlemann ehrlich wäre? Das habe ich ihm auch noch erklärt:

50 Prozent der Frauen würden nicht mit dir ins Bett gehen. Zu den 50 gehöre ich. Aber die anderen 50 Prozent würden es tun, weil sie denken, den kann ich ändern. Das heißt, 50 Prozent wären gerettet, nur 50 Prozent hätten anschließend Liebeskummer. Momentan aber würden alle 100 mit dir ins Bett gehen. Weil du gut aussiehst, weil du nett ist, weil du uns Frauen das Gefühl gibst, es könnte was werden.

Wow. Hat er gesagt. Sonst nichts.

Ich hab gleich nachgelegt: *Es ist auch nicht schlimm. Ich fühle mich geehrt, dass du mich willst. Ganz ehrlich. Du siehst gut aus, du bist voll gefragt. Aber auch wenn ich nicht so aussehe und wenn ich nicht so rede – ich bin ganz alte Schule. Ich liebe es, mich zu verlieben. Klar könnten wir miteinander schlafen. Aber mir würde es danach schlecht gehen. Weil ich nicht auf der Suche nach einem Abenteuer bin. Ich bin auf der Suche nach Mr. Right – und der bist du definitiv nicht.*

Wow. Hat er noch mal gesagt. Dann hat er es direkt zugegeben: *Es stimmt wirklich: Ich würde gerne mit dir schlafen.*

Ich weiß, habe ich geantwortet. *Aber viele wollen das, Schatzi.*

Er: *Kannst du bitte aufhören, diese Bikinis anzuziehen?*

Ich: *Nein, das wird nicht passieren! Die Badeanzüge kommen erst mit 50.* 😊

MERKZETTEL

— Ein Singlemann ist bewusst Single.
— Versuch nicht, ihn zu ändern.
— Änder deine Einstellung, Männer ändern zu wollen.
— Mit einem Singlemann wirst du immer eine einseitige Beziehung führen – und die kommt von dir.

DAS ARSCHLOCH

Der Unterschied zwischen einem Fuckboy und einem Arschloch? Bei Fuckboys ist das eine Phase – irgendwann werden sie zum Mann und wollen doch Familie, Kinder, ein Haus ... Ein Arschloch bleibt ein Arschloch. Arschlöcher sind böse Menschen. Davon gibt es auch das weibliche Pendant. Aber der liebe Gott wollte, dass ich eine Frau werde, daher spreche ich hier für uns Frauen und für die warmen Brüder da draußen – und beschränke mich auf die männlichen Arschlöcher.

Ich kenne Frauen, die sind mit Typen zusammen, da gibt es jeden Tag Streit. Ist das Hassliebe? Das Wort dürfte es meiner Meinung nach gar nicht geben. Es macht für mich keinen Sinn. Wenn ich hasse, hasse ich. Diese Paare kommen nicht voneinander los. Dabei ist es nur ihr Ego, das sie zusammenhält. Ihre Seelen sind nicht vereint. Aber was das Schlimmste ist: Sie töten ihre Herzen.

Man kann sich streiten, aber bei Beleidigungen und Schlägen verläuft die rote Linie. Eine Freundin von mir war mit einem Typen zusammen, der sie geschlagen hat. Sie hat uns jahrelang nichts davon erzählt. Irgendwann hat man es gesehen. Wir wussten, dass es in der Beziehung Probleme gab, aber ich hätte nicht gedacht, dass sie das mit sich machen lässt.

Ich weiß, das ist ein ernstes Thema, aber es muss angesprochen werden. Mir schreiben oft Frauen, denen seelische oder körperliche Gewalt angetan wird. Daher an die Frauen da draußen: Ein Mann, der eine Frau schlägt, wird immer wieder zuschlagen. Ich weiß, dass viele Frauen Angst haben zu gehen, weil die Drohungen manchmal noch schlimmer sind als die Schläge. Aber ich sage euch ganz ehrlich: Wenn du einmal mutig bist und ihn verlässt, findest du einen Weg. Selbst wenn der worst case eintritt und du dein bisheriges Leben dafür aufgeben musst – trotzdem rettest du gleichzeitig dein Leben. Du wirst neu geboren werden.

Ein Arschloch ist ein minderwertiges Wesen, das seine Ängste auf dich projiziert. Hab keine Angst vor ihm. Denn ein Arschloch pusht sein Ego, wenn du Angst hast oder dich minderwertig fühlst. Wenn er dich kleinredet, heißt das nur, dass er Angst vor deinen Stärken hat. Alles, was er gerne hätte und wäre, besitzt du schon. Das erträgt er nicht – weil er nichts kann und nichts ist.

MERKZETTEL

— Lass dich niemals kleinkriegen, egal von wem.
— Sei dir deiner Stärke bewusst und kämpfe für dich.
— Du hast das Recht, ein glückliches Leben in Freiheit ohne Angst und Gewalt zu führen.
— Entscheide dich jetzt für dich.
— Ein Arschloch ist ein Schließmuskel: Bekanntlich kommt da nur Scheiße raus.
— Scheiße stinkt und wird weggespült.
— So musst du es auch mit einem Arschloch machen: Spül ihn und die Scheiße, die aus ihm rauskommt, einfach weg.

- 12 -

WER SEINE GESCHICHTE NICHT KENNT...

Ich habe früher viel Party gemacht. Aber wenn man Party macht und Liebeskummer hat, kommt am Ende meistens was Dummes dabei raus. Du wirst dich bei deinem Ex melden. Du wirst diese lange WhatsApp-Nachricht abschicken, die du vorbereitet hast. Du machst Dinge, für die du dich am nächsten Tag schämst oder an die du dich lieber nicht mehr erinnern willst.

Wir sind unkontrolliert, wenn wir trinken. Deshalb: trink nicht! Wenn du tiefen Liebeskummer hast, tu's nicht. Außer du hast eine beste Freundin, die auf dich aufpasst. Du brauchst eine Freundin, die an diesem Abend wirklich NICHTS trinkt. Weil sie dann niemals zulassen wird, dass du mit diesem Typen mitgehst, den du auf Instagram kennengelernt hast und der nur Mittel und Zweck ist, um von deinem Ex wegzukommen.

Auch wenn du sie anbrüllst: *Ich will aber, ich bin erwachsen!*

Sie wird sagen: *Halt die Fresse!*

Dann wird sie dir 'ne Bombe geben, du wirst k.o. gehen – und in deinem eigenen Bett landen. Du wirst ihr soooooo dankbar sein.

Und wenn du dann nachts besoffen zu Hause ankommst, geht hoffentlich dein Handy aus – und du bist nicht mehr dazu fähig, den Akku mit dem Ladekabel zu verbinden. Oder deine Freundin soll das Ladekabel einfach verschwinden lassen. Am nächsten Morgen ist alles cool. Hauptsache, du liegst in DEINEM Bett und dein Handy ist AUS. Dann hattest du eine geile Nacht. Du wirst deiner Freundin die Hände küssen vor Dankbarkeit und dein Erstgeborenes nach ihr benennen.

Denn alles andere ist gefährlich. Ich hatte es schon und rate dir dringend davon ab. Es funktioniert auch nicht, sich mit jemand anderem zu trösten. Ich sage euch, geht NIEMALS nach einer heißen Clubnacht mit jemandem mit. Außer es ist deine beste Freundin oder dein schwuler Freund. Aber ein Typ, den du gerade erst kennengelernt hast? Morgens kannst du es in seinem Gesicht lesen: Urrrg ... gestern war die aber schöner.

Du kannst es ihm nicht mal übel nehmen. Weil, ganz ehrlich, wenn du in den Spiegel guckst, siehst du, wie dein eines Auge auf deinem Kinn hängt. Deine Augenbraue klebt am Kissen. Deine Wimpern hängen auf halb acht. Deine Haare sind so verknotet, da hilft nur noch abrasieren. Deine Brüste sind zerstritten – jede geht ihren eigenen Weg – und dein Cookie fragt dich, ob du den VERSTAND verloren hast?!?! Kurz: das reinste Durcheinander.

Es bringt nichts, schnell nach einer neuen Beziehung zu suchen. Bei mir war immer eine Ablöse da. Wenn ich wegen einem Typen Liebeskummer hatte, kam kurz darauf ein anderer Typ. Ich habe mich darauf eingelassen – vor allem, weil ich den anderen vergessen wollte. Ein Mann hat den anderen abgelöst. Es hat aber nichts gebracht! Denn eigentlich war ich permanent mit demselben Typen zusammen – alle waren sie GLEICH.

Das lag nicht an den Männern, das lag an mir. Wenn du aus einer Geschichte raus bist, darfst du eine Zeit lang keine anderen Typen daten. Sonst wirst du genau das anziehen, was du gerade hinter dir gelassen hast – weil du es noch nicht verarbeitet hast. Wie soll das denn auch gehen? Du hast dich nicht eine Minute mit dir selber beschäftigt, du hast deiner Seele und deinem Körper keine Ruhe gelassen. Deshalb wirst du immer wieder das Gleiche bekommen. Du kannst nichts dafür, es ist dein Karma. Tricks dich selbst aus, indem du dir Ruhe verordnest. Du musst es dir richtig verbieten!

Es gibt Frauen, die können gar nicht alleine sein. Aber das ist nur eine Ausrede. Fang an, das Alleinsein zu trainieren. Dann kannst du deine Muster durchbrechen und vielleicht was komplett Neues kennenlernen.

Du wirst es nicht vermeiden können, einem bestimmten Typ Mann zu begegnen, der auf dich steht und auf den du stehst. Aber das heißt noch lange nicht, dass der auch gut für dich ist. Und wir reden hier nicht von ähnlicher Optik, wir reden von ähnlichem Verhalten.

Bei mir haben die Ablenkungen immer zu Katastrophen geführt. Deshalb rate ich euch: Lieber einmal in den sauren Apfel beißen, einmal den Liebeskummer durchstehen – und dann ist auch gut. Bei mir hat sich alles immer wiederholt: Die Männer haben mir wehgetan und sie standen nicht zu mir, als ich es am nötigsten hatte. Menschlich gesehen waren sie nicht böse. Aber es waren keine guten Partner. Nicht in meinem Leben, nicht für mich.

Ich ziehe schon immer denselben Typ Mann an: den Komplizierten. Die Männer in meinem Leben sahen unterschiedlich aus, aber hatten alle dieselbe Aura. Was ich mit den Jahren gelernt habe: schneller loslassen. Früher hab ich mich den ganzen Tag lang aufgeregt, wenn er sich nicht gemeldet hat. Heute, als erwachsene Frau, mit dem Selbstbewusstsein, das ich mir hart antrainiert habe, sage ich: *Was soll ich machen? Ich kann es nicht ändern.* Auch wenn ein Teil von mir es sich anders gewünscht hätte. Aber was soll's, es kommt etwas Besseres. Es macht viel mehr Spaß, nach dieser Weisheit zu leben. Wenn sich eine Tür schließt, öffnet sich eine andere. Vielleicht sogar das Tor zu einem Schloss.

Wenn ich könnte, würde ich trotzdem zurückgehen zu dem Zeitpunkt in meinem Leben, als der allererste Fuckboy *Hi* zu mir gesagt hat. Ich würde ihm richtig in die Fresse hauen. Und dann: *Bye bye.* Zurück ins Jahr 2019. Es hätte sich bestimmt vieles in meinem Leben anders entwickelt. Andererseits, wenn ich darüber nachdenke, wie alles gekommen ist – am Ende war es ja gut so. Es sollte genauso sein. Aber trotzdem würde ich dem Fuckboy von damals gerne eine Bombe geben. Und den anderen, die danach kamen, auch.

Es gab eine Situation mit einem Ex, die habe ich genau vor mir. Es war Valentinstag und wir wollten uns treffen. Ich hatte bis dahin noch nie einen richtigen Valentinstag gehabt. Entweder gab es gerade keinen Mann. Oder es gab einen und wir hatten Streit. Ich hatte mir also immer einen Valentinstag gewünscht. Ich dachte, jetzt habe ich es endlich geschafft. Ich hatte für ihn eine CD aufgenommen mit einem Song von Alicia Keys und einen Liebesbrief dazugelegt.

Aber dann hat er mich versetzt. Ich konnte ihn auch nicht

erreichen, sein Handy war aus. Ich habe die CD und den Brief genommen und in den Müll geschmissen.

Eine Woche später hat er sich wieder gemeldet. Mit irgendeiner Ausrede. Ich habe mich natürlich weichkochen lassen und ihm vergeben.

Dabei hatte ich die richtige Entscheidung schon getroffen, als ich die CD, mit der ich mir soooo viel Mühe gegeben hatte, in den Mülleimer geschmissen habe. Leider habe ich die Entscheidung nicht konsequent bis zum Ende durchgezogen. Richtig wäre gewesen, auch ihn zusammen mit dem Geschenk auf den Müll zu schmeißen.

Als ich meine Männer kennengelernt habe, war da immer ein schlechtes Bauchgefühl. Irgendwas stimmte nicht. Wenn wir Frauen es doch schon so früh spüren – warum wollen wir es nicht wahrhaben? Wir wären alle ein bisschen klüger und weiser, wenn unser abgefucktes Ego nicht mitmischen würde. Das Ego flüstert uns Sachen ein, die es nicht gibt. Wir merken, dass er das Potenzial zum Fuckboy hat – und denken trotzdem, dass er sich für uns ändern wird.

Wir glauben: Ich bin die Auserwählte mit dem goldenen Cookie, die ihm gibt, was keine Frau ihm bisher gegeben hat. Wir machen fast alles abhängig vom Sex. Sex spielt eine große Rolle, aber nicht die größte. Das ist unser Problem: Wir denken, das kriegen wir hin. Nein, kriegen wir nicht! Ein Mann ändert sich nur, wenn ER es möchte. Selbst wenn du die heißeste Nymphomanin der Welt bist.

Eine Psychiaterin hat mal zu mir gesagt: Wer seine Geschichte nicht kennt, ist verdammt, sie zu wiederholen. Das ist DIE Punchline meines Lebens. Ich habe den Satz aufgeschrieben – und habe angefangen, danach zu leben. Ich habe die bisherigen Kapitel meines Lebens gelesen und mich entschlossen, meine Geschichte NICHT MEHR zu wiederholen.

Ich könnte einfach sagen: *I blame it on him!* Er war ein Arschloch! Aber das stimmt nur zur Hälfte. Das größte Arschloch trage ich in mir selbst: mein verletztes Ego. Das bringt mich dazu, immer wieder mit den gleichen Typen die gleichen Geschichten zu erleben. Aber ich kann zu meinem Ego sagen: Halt's Maul. Laber nicht. Du hast jetzt mal Sendepause. Ich sag euch, die Liebe und ich, wir sind Streithähne. Dabei könnten wir die besten Freunde sein, wenn ich mehr zu mir stehen würde.

Ich stelle mir die Liebe immer als eine Person vor, ich habe keine Idee, ob sie weiblich oder männlich ist, aber wir sind IMMER am Diskutieren. Ich frage sie: *Bist du es nicht leid? Geh doch einfach!* Sie antwortet: *Nein, ich will's noch mal versuchen.* Und sie ist schön, die Liebe, ich kann meine Augen nicht von ihr abwenden. Sie kommt, wann sie will, ich kann es nicht bestimmen. Manchmal verstehen wir uns echt gut, dann streiten wir uns wieder so hart, dass ich brülle: *Verpiss dich!* Sie geht mir oft auf die Nerven. Aber sie ist hartnäckig. Bis heute ist sie da, sitzt auf meiner Couch und wartet darauf, dass ich verstehe, wie ich sie lieben soll.

Mit dem Erfolg habe ich mich immer gut verstanden. Der Erfolg ist in meiner Vorstellung ein starker, loyaler Mann. Begehrenswert. Jeder will ihn. Aber der geht nicht zu jedem, der wählt sich seine Leute genau aus. Wir sind cool miteinander. Wir gehen auch mal zusammen Bier trinken – ich nehm das alkoholfreie. Er bezahlt die Rechnung und will immer wieder mit mir ausgehen.

Die Familie ist in meiner Vorstellung auch eine Person. Sie hat das Gesicht einer schönen, weisen Frau. Sie ist immer fürsorglich, hat mich nie allein gelassen. War für mich da, auch wenn ich mal böse war. Hat mich nie aufgegeben. Die Familie deckt mich abends zu, wenn ich zu viel Zeit mit dem Erfolg verbracht habe, wenn alles zu viel war, wenn ich keine Energie mehr habe oder mir der Erfolg zu Kopf gestiegen ist. Die Familie gibt mir Halt. Sie sagt: *Was machst du denn schon wieder? Komm in meine Arme und ruh dich aus. Ich will nichts von dir, ich will nur, dass du glücklich bist.*

Und dann ist da noch die Karriere. Die Karriere ist für mich eine Frau. Sie sagt: *Beweg deinen Arsch!* Sie weiß ganz genau, was sie will. Wenn du nicht für sie springst, sagt sie tschüss. Wir können meistens ganz gut miteinander. Aber sie ist sehr bestimmerisch und fordert immer, dass ich hart arbeite. Sie ist nie zufrieden, sie will immer MEHR.

Doch dann meldet sich wieder die Liebe: *Und, was ist jetzt?* Die Liebe will immer wissen, was mit ihr und ihren Bedürfnissen ist. Sie ist total neugierig. Ich beruhige sie, ich sage zu ihr: Mit der Zeit werde ich dich schon lieben.

Die letzte Person ist die Zeit. Sie ist kein Freund und kein Feind, eher eine Autoritätsperson. Mit einem langen weißen Bart. Jeden Morgen, wenn mein Wecker klingelt, sagt mir die Zeit, dass es ZEIT ist aufzustehen. Wenn ich traurig bin, sagt sie mir, dass die Zeit alles heilen wird. Wenn ich jemandem hinterherweine, erinnert sie mich daran, dass man die Zeit nicht vor- oder zurückspulen kann. Dass die Uhr tickt, dass es immer gute und schlechte Zeiten geben wird – vor allem aber, dass ich sorgsam mit meiner Lebenszeit umgehen soll.

- 13 -

HAB GEDULD MIT DIR

Meine Eltern waren Gastarbeiter. Sie kamen Ende der 1960er-Jahre mit nichts nach Deutschland. Meine Mutter konnte kein Wort Deutsch. Ihre eigene Mutter ist früh gestorben und sie ist bei der Cousine ihrer Mutter aufgewachsen, zu der ich später Oma gesagt habe. Meine Oma war Bombe, auch eine starke, wunderschöne, weise Frau.

Mein Vater hatte die Erlaubnis, nach Deutschland zu gehen; so ist meine Familie nach Frankfurt gekommen. Er hat für einen großen Konzern gearbeitet. Meine Mutter war am Anfang ganz alleine, schwanger, ohne Familie. In unserem Haus haben ansonsten nur Deutsche gewohnt. Wir rochen anders, wir aßen anders, wir sahen anders aus – das hat die Nachbarn abgeschreckt. Tür zu! Früher gab es nicht so viele Ausländer, wir waren fremd.

Kurze Zeit später hatte meine Mutter ihre erste Stelle. Durchs Zeitunglesen hat sie sich selbst Deutsch beigebracht. Wo ein Wille ist, da ist auch ein Weg. Ich kam als drittes Kind auf die Welt. Es hat lange gedauert, bis ich rausgekommen bin, ich habe mir Zeit gelassen. Gebrüllt habe ich auch nicht. Erst als der Arzt mir fest auf den Arsch geklopft hat, habe ich einen solchen Schrei abgelassen, dass es im ganzen

Krankenhaus zu hören war. Der Arzt meinte nur: *Die wird immer laut ihre Meinung sagen.* Meine Mutter hat mich Senna genannt. Auf Arabisch heißt der Name Glanz. Der Schein. The Glow. Trifft absolut auf mich zu!

Meine Kindheit habe ich in Frankfurt verbracht. Oben wohnten Frau Schmidt und Frau Heckmann. In der Mitte Frau Backhausen. Die hat eine wichtige Rolle in meinem Leben gespielt. Sie war die Einzige, die uns reingelassen hat. Ihre Bude hat immer nach Weihnachten gerochen! Sie hat uns Hausaufgabenhilfe gegeben. Wenn meine Mutter arbeiten gegangen ist, waren wir bei Frau Backhausen. Als Gegenleistung haben wir das Treppenhaus für sie geputzt. Nach einer Weile haben die anderen Nachbarn das mitbekommen und fanden das auch nützlich. Da die Nachbarn alle älter waren, haben wir ihnen geholfen mit den Einkäufen oder beim Treppenputzen. Wir sind auch mit den Hunden Gassi gegangen. So habe ich mein erstes Geld verdient. Ich schwöre, ich habe schon als Kind richtig Kohle gemacht!

Frau Backhausen hat mich auch mit ins Theater genommen. Der Nussknacker! Meine Geschwister hatten anderes zu tun, aber ich bin sehr gerne mitgegangen. Der Ehemann von Frau Backhausen war kurz vorher gestorben und ihre Kinder schon aus dem Haus. Herr und Frau Backhausen waren bestimmt 50 Jahre lang glücklich verheiratet. Sie haben sich wirklich geliebt! Sie haben auch viel zusammen durchgemacht, sogar den Zweiten Weltkrieg. Als Kind habe ich immer zu ihr gesagt: *Ich wünsche mir später auch einen Herrn Backhausen.*

Sie hat geantwortet: *Sitz gerade, Senna.*

Fernsehen gab's nicht. Stattdessen haben wir bei Frau Backhausen klassische Musik gehört. An Weihnachten mussten wir Gedichte von Goethe und Schiller vortragen. Wenn ich's gut gemacht habe, hat sie mir Schokolade geschenkt oder selbst gemachtes Gebäck.

Als Kind war ich nicht die große Rednerin. Ich saß gerne hinterm Sofa und habe meiner Fantasie freien Raum gelassen. Viele Freunde hatte ich nicht, ich war eher in mich gekehrt. Meine Mutter hat manchmal gedacht, ich hätte einen Schaden. Aber ich war einfach mit mir selbst beschäftigt. Ich habe mir meine eigene Welt aufgebaut.

Von der stillen Beobachterin zur lauten Unterhalterin bin ich erst mit 14 oder 15 geworden. Der Durchbruch kam, als ich meine Stimme entdeckt habe. Nach der Schule in einem U-Bahn-Schacht. Da habe ich gesungen, Melodien kreiert. Und ich merkte: Das hört sich ja gar nicht so schlecht an!

Mit 16 hatte ich meinen ersten Auftritt. Das war bei einer Hip-Hop-Veranstaltung. Ich habe bei einem Song die Hookline gesungen und wir haben direkt den zweiten Platz gemacht. Die Anerkennung, die ich dort bekommen habe – das war mein erstes Erfolgserlebnis. Mit der Schule habe ich nach der zehnten Klasse aufgehört. Stattdessen hatte ich verschiedenste Jobs, im Einzelhandel, in Cafés, auch Putzjobs. Ich wollte nie vom Staat abhängig sein.

In der Zeit habe ich mir manchmal die Frage gestellt, ob es richtig gewesen ist, dass ich mich für Musik entschieden habe. Meine Mutter hat immer gesagt hat: *Du musst studieren, Senna!* Bekanntlich haben Mütter immer recht. Aber ich habe kein Abi gemacht. Weil in meinem Kopf nur noch Musik war. Es ging mir vor allem um Akzeptanz und Anerkennung: Ich wollte gehört werden.

Vielleicht wurde ich als Kind nicht so oft gehört, deshalb

habe ich als Teenager und junge Erwachsene danach gesucht. Aber es war ein sehr, sehr langer Weg bis zur großen Bühne und bis zum finanziellen Erfolg. Er war von vielen Zweifeln und Schicksalsschlägen begleitet.

An eine Situation erinnere ich mich noch gut: Ich habe in einer Firma die Büros geputzt, die Toiletten, die Tische, die Computer. Eines Morgens, gegen fünf Uhr, saß da ein junger Mann an einem der Schreibtische. Den kannte ich noch aus der Schule. Wir haben ein bisschen geredet. Er hat erzählt, dass er seine Ausbildung fertig gemacht hat und jetzt in dieser Firma angestellt ist. Ich habe gesehen, dass er sein Leben voll im Griff hat. Er hat Geld verdient, er trug einen Anzug – und ich habe für ihn GEPUTZT. In dem Moment dachte ich, wow, Senna, wie du dein Leben vergeudest.

Da habe ich es zum ersten Mal in Frage gestellt, dass ich mich für die Musik entschieden hatte.

Einmal habe ich mein letztes Geld zusammengekratzt, um nach Hamburg zu fahren – und Bahnfahren war echt teuer damals! Ich wollte zu einer großen Plattenfirma, ich hatte dort einen Termin. Ich bin also mit meinen drei Songs im Gepäck hingefahren, voller Hoffnung. Saß im Foyer bei dieser Plattenfirma auf der Couch und habe auf diesen gewissen Herrn XY gewartet.

Er kam nicht.

Irgendwann bin ich zu der Sekretärin am Empfang gegangen und habe gefragt: *Kommt Herr YX noch runter?* Weil ich ihr leidgetan habe, war sie ehrlich zu mir. *Der kommt nicht mehr. Geh nach Hause, Mädchen.* Ich musste wieder zurück nach Frankfurt – mit nichts im Gepäck außer einer Enttäuschung.

Einige Zeit später hat mein damaliger Chef vom Hard

Rock Café zu mir gesagt, *Senna, im Fernsehen läuft die ganze Zeit diese Werbung: Neue Engel sucht das Land. Geh da hin!*

Nee, das mach ich nicht, habe ich geantwortet.

Ich wollte keine Nachfolgerin von den No Angels sein. Ich bin doch Underground, ich bin Hip-Hop! Aber mein Chef, ein alter Rocker (@Uwe: das hier geht an dich!) war so cool, eine Legende. Er hat gemeint: *Du bist so talentiert, du brauchst ein richtiges Publikum!*

Am Tag vor dem Casting haben meine Cousine und ich Party gemacht. Der Laden hieß Halli Galli. Das war so ein Club, wo ein Tequila einen Euro gekostet hat. Als wir früh morgens dort rauskamen, wollten wir irgendwo frühstücken gehen, damit ich meine Fahne loswerde. Wäre ich so nach Hause gekommen, hätte mich meine Mutter umgebracht. Also sind wir Richtung Bornheim gefahren – und kamen auf einmal an dem Casting vorbei. Ich hab zu meiner Cousine gesagt: *Komm, wir gehen rein und machen uns einen Spaß daraus.*

Ich hatte noch das T-Shirt von der Arbeit an und die Schminke von gestern im Gesicht. Die Frau an der Anmeldung hat mir eine Nummer verpasst. Diese Nummer hat mein Leben verändert. Ich wurde unter Tausenden Mädchen ausgewählt. Aber es war ein weiter Weg und viel Arbeit bis dorthin. Ich habe unterwegs oft gedacht, hier ist Schluss, hier geht es nicht weiter.

Und dann kam es ganz plötzlich und unerwartet. Ich habe überhaupt nicht damit gerechnet, in die Band zu kommen. Weil ich so oft schon erlebt hatte, dass man mir kurz vor dem Ziel die Tür zumacht. Im Finale dachte ich die ganze Zeit, gebt mir doch endlich den Gnadenstoß. In dem Moment hat der Juror Dieter Falk ungefähr das gesagt: *Was jetzt kommt, Senna, das wird schwer für dich.*

Ich dachte, kein Problem, ich bin's nicht anders gewöhnt. Dann flieg ich halt raus. Aber dann fiel der Satz: *Du bist das erste Bandmitglied von Monrose.*

Das war mein Moment. Da habe ich wirklich GLÜCKSELIGKEIT gefühlt, nur für diese paar Sekunden. Ab da habe ich gedacht, ich kann alles schaffen!

Warum erzähle ich euch das alles? Weil mir nie etwas zugeflogen ist. Ich habe oft verloren. Ich habe nichts geschenkt bekommen, außer mein Leben selbst. Daraus versuche ich das Beste zu machen. Ich bin oft gefallen, aber die Rückschläge haben mich nicht umgebracht. Ich habe weitergekämpft und mich nicht von meinem Weg abbringen lassen.

Haltet durch! Auch wenn ihr Selbstzweifel habt. Man weiß vorher nie, wie Geschichten ausgehen. Nach der Monrose-Zeit hat mein Leben noch mal eine völlig andere Wendung genommen. Denn als ich ganz oben war, war irgendwann alles vorbei. Ich musste noch mal unten anfangen. Mir alles von Neuem aufbauen, um wieder erfolgreich zu werden.

Du kannst das auch. Dafür brauchst du keinen Adelstitel, du musst auch nicht reich geboren sein. Du bist ja schon längst reich. Weil du dein Herz und deinen Verstand hast. Das Herz ist das Teuerste und Wertvollste, was der Mensch besitzt. Der stärkste Muskel! Es gibt dir den Takt vor und wird dir deine Melodie spielen.

Ich bin meinem Herzen gefolgt – trotz meiner Ängste und Zweifel. Trotz Verlusten, Trauer und Schmerz. Auch in der Monrose-Zeit gab es schwierige Momente. Einmal ging es um die Hochzeit meiner älteren Schwester, die in Marokko stattfand. Ich war zu der Zeit gerade im Band-Haus in Österreich. Wenn ich gegangen wäre, wäre ich raus gewesen aus der Show. Der Sender hat mich vor die Wahl gestellt. *Sie ist meine Schwester, sie wird nur einmal heiraten,* habe ich den Verantwortlichen gesagt. Der Sender hat schließlich einen Kompromiss vorgeschlagen: Sie haben mir EINEN Tag frei gegeben. Ich bin von Österreich nach Casablanca geflogen, stundenlang mit einem Auto gefahren. Als ich ankam, war die Hochzeit schon im Gange. Meine Schwester sah soooo schön aus! Ich kam in Joggingsachen, verschwitzt, ungeschminkt. Ich habe nur gesagt: *Ich bin da. Ich habe dir versprochen, ich werde immer da sein.* Sie hat mich umarmt, und wir haben beide geweint.

Das war auch eines dieser Erlebnisse, bei denen ich vorher dachte, das werde ich niemals schaffen. Aber ich hab's geschafft. Ich habe meine Schwester auf ihrer Hochzeit umarmt – dann musste ich wieder zurückfliegen und direkt ohne Proben auftreten. Ich bin in der Show trotzdem weitergekommen. Obwohl ich dachte, das schaffe ich niemals, ich bin am Ende meiner Kräfte. Aber ich habe es geschafft.

Es gibt noch eine andere Geschichte, über die ich bisher nie richtig gesprochen habe: Vor vielen Jahren hatte ich eine Operation. Ich war Ende zwanzig, es war in der absoluten Hochphase von Monrose. Als ich ins Krankenhaus kam, hat man Wucherungen an meiner Gebärmutter festgestellt. Mir wurde gesagt, dass ich operiert werden muss. Das war eine sehr schwere Entscheidung, ein großer Einschnitt in meinem Leben. Ich war vorher noch nie im Krankenhaus gewesen. Und auf einmal steht da der Narkosearzt vor dir und sagt: *Kann auch passieren, dass Sie nicht mehr aufwachen. Bitte hier unterschreiben.*

Kurz darauf sind Dinge passiert, die ich gerne rückgängig gemacht hätte. Journalisten standen in meinem Zimmer im

Krankenhaus, haben mich belagert. Sie wollten ein Interview – oder sie hätten die Geschichte ohne meine Erlaubnis veröffentlicht. Ich wollte eigentlich nicht darüber reden. Ich war aber unsicher, hatte falsche Berater – und ich war noch sehr jung. In dieser Situation habe ich auf andere gehört. Heute denk ich, warum bloß? Ich hätte NEIN sagen und sie wegjagen sollen. Der Eingriff war hart, ich konnte danach kaum laufen, nicht mal meine Haare selbst kämmen. Ich dachte, ich werde nie wieder tanzen können. Ich hatte die OP selbst noch nicht verarbeitet – und diese Journalisten wollten, dass ich darüber rede?! Das war ein hoher Preis, den ich für meinen Erfolg bezahlt habe. Ich war geschockt und habe mich gefragt, was ist das für eine grausame Welt? Es gibt wirklich Menschen, die mit dem Leid anderer Geld machen.

Wenn ich heute manchmal laut bin oder auf etwas beharre, dann nicht, weil ich arrogant oder launisch bin. Es hat mit meiner Geschichte zu tun, mit den Dingen, die ich erlebt habe. Es gab Zeiten, in denen ich wenig hatte. Es gab Zeiten, in denen ich alles hatte. Es gab Zeiten, in denen ich gewonnen, und Zeiten, in denen ich verloren habe. Es gab Zeiten von Glücksgefühlen und Zeiten von Verlusten.

Aber ich kann dir versichern: Wenn du dich in diesem ganzen Zirkus nicht selbst verlierst, wenn du bei dir bleibst, wenn du an deinen Idealen festhältst, wenn du Geduld mit dir selbst hast – wirst du am Ende gewinnen. Vielleicht nicht so, wie du's dir vorstellst. Aber du wirst gewinnen, das verspreche ich dir. Ich bin das beste Beispiel.

P.S. Die Geschichte aus Hamburg war übrigens noch nicht zu Ende, als die Empfangsdame mich weggeschickt hat. Ich weiß noch, was ich im Rausgehen gesagt habe. *Man trifft sich immer zweimal im Leben.* Ich wollte irgendwie cool und schlagfertig sein. Ich hatte wahrscheinlich zu viele Hip-Hop-Filme gesehen. Außerdem ist mir nichts anderes eingefallen. Ich bin dann, wie gesagt, zurück nach Frankfurt gefahren. Ich war sehr enttäuscht, ich konnte sogar eine Weile keine Musik mehr machen, so hat mich das runtergezogen.

Jahre später habe ich Popstars gewonnen. Unsere erste Platte: Doppelplatin. Sechs Monate lang habe ich mein zu Hause nicht gesehen, ich wusste nicht mehr, wer wer ist, so viele Leute haben wir in dieser Zeit getroffen. Ich wusste nur: Das hier ist meine Managerin und das sind meine zwei Mädels. Ständig waren wir auf der Bühne. Wir haben nicht mal gemerkt, wie unser Make-up aufgetragen wurde. Wir sind mit Privatjets geflogen, weil wir an einem Tag mehrere Auftritte in zwei verschiedenen Ländern hatten. Ich stand auf der Bühne und die mussten mir vorher die Stadt aufschreiben. Es ging von einer Talkshow und Fernsehsendung in die nächste ... ES WAR KRASS.

Wir hatten damals Verträge mit mehreren Firmen, einem Label, einer Produktionsfirma und einem Riesenkonzern. Eines Tages sollten wir die Leute von dieser großen Plattenfirma kennenlernen. Ich kam in das Gebäude rein, ich guckte mich im Foyer um – plötzlich fiel mir ein: Hier war ich schon mal! Da war die Couch, da die Rezeption.

Wir wurden natürlich vom obersten Chef empfangen. Alle waren super nett, weil wir so erfolgreich waren. *Ihr seid sooooo toll, ihr seid Stars, ihr bekommt alles, was ihr wollt.* Ich habe dann nach Herrn XY gefragt. Er kam auch gleich, hat mich gelobt, so sinngemäß: *Super, Senna! Ich wollte, dass du in die Band kommst!*

Ich hab ihn gefragt: *Kannst du dich nicht mehr an mich erinnern?*

Und zu seinem Chef gewandt habe ich gesagt: *Ich war nämlich schon mal hier. Vor ungefähr fünf Jahren mit meinem Demo-Tape. Der Herr XY hatte mich eingeladen – aber dann hatte er doch keine Zeit und die Rezeption hat mich nach Hause geschickt.* Das war mein Sieg.

Ich hätte nie gedacht, dass mein Man-sieht-sich-immer-zweimal-Satz Jahre später so eine Bedeutung haben würde. Auch nicht, dass aus so einer Enttäuschung noch ein Kapitel mit Happy End werden würde. Und die Moral von der Geschicht? Wenn du denkst, du kannst nicht mehr, es geht nicht mehr, es wird nicht mehr – hab einfach GEDULD.

- 14 -

SEI UNABHÄNGIG

Mein Ex hat mich geprägt. Das war in der Monrose-Zeit, meine erste richtige Beziehung. Er hat alles mitgebracht: Er war der Mann, ich war die Frau, zum ersten Mal in meinem Leben musste ich mich um nichts kümmern. Die Rollenverteilung war klar, und ich habe mich damit total sicher gefühlt. Weil alles so perfekt gepasst hat.

Aber dass ich so einen riesigen Erfolg hatte, war für uns schwierig. Jeder kannte mich. Er fand das gar nicht toll, dass ich dauernd im Rampenlicht stand. Am Anfang ist das vielleicht anziehend und sexy, aber wenn man in einer Beziehung lebt, kann das ziemlich belastend sein. Du gehst privat ins Kino – und dauernd kommen Leute auf dich zu und wollen Fotos machen. Mich stört das nicht, ich kann und konnte damit immer gut umgehen. Aber den Freunden und dem Partner geht es oft auf die Nerven.

Viele Männer fühlen sich eingeschüchtert, wenn eine Frau erfolgreich ist. Das hat nichts mit Eifersucht zu tun. Sondern weil es ein unangenehmes Gefühl ist, wenn man zusammen unterwegs ist und jeder kennt deinen Partner. Ich weiß selbst, wie das ist. Als ich noch ganz jung und unbekannt war, habe ich mal jemanden gedatet, der sehr bekannt war. Man wünscht sich dann oft, dass man einfach mal zu zweit sein kann.

Mein Ex hat mir meinen Erfolg nicht missgönnt, aber es war ihm unangenehm. Er mochte das Rampenlicht nicht. Weil ich so verliebt war, habe ich versucht, es ihm recht zu machen. Eigentlich bin ich eine gestandene Frau, die viel arbeitet und sich von ihren Plänen nicht abhalten lässt. Aber als ich in dieser Beziehung war, habe ich versucht, alles passend zu machen. Ich habe mich nicht mehr mit meinen Freundinnen getroffen, ich habe mich nicht mehr so viel um meine Karriere gekümmert. Ich habe es nicht mal mehr richtig genießen können, wenn ich eine Auszeichnung bekommen habe. Ich habe kaum was davon mitgekriegt. Ich habe zurückgesteckt, bin nicht auf Partys gegangen, wollte jede Minute mit ihm zusammen sein. Ich habe mich KLEIN gemacht, dabei war ich riesig in der Zeit. Ich war echt anhänglich – weil ich sooooo verliebt war.

Vielleicht hat es damit zu tun, dass ich mich nur auf eine Sache konzentrieren kann. Entweder ich bin mit einem Mann zusammen oder ich bin mit meinem Erfolg zusammen. Eigentlich wollte ich immer schon, von klein auf, eine Familie gründen. Eine große Familie. Das war mir bis jetzt noch nicht gegönnt.

Dafür bin ich erfolgreich geworden. Und ich gehe in meiner Arbeit absolut auf. Aber es gab Zeiten, vor allem, wenn ich verliebt war, da habe ich meine Karriere zur Seite geschoben, nicht wertgeschätzt. Es war mir nicht mehr so wichtig.

Aber obwohl ich mich so reingehängt habe, ist die Beziehung mit meinem Ex trotzdem gescheitert. Daraus habe ich eins gelernt: Keiner sagt, dass du 24/7 mit deinem Freund zusammen sein musst! Meine beste Freundin ist verheiratet, das heißt, wir können jetzt nicht mehr spontan weggehen, denn sie hat ein kleines Kind und einen Mann. Ich kann auch nicht mehr diese gewissen »Wir sind Single und sexy«-Fotos mit ihr machen. Trotzdem sehen wir uns einmal am Tag und haben Spaß. Und sind manchmal auch sexy. (Wenn wir uns wirklich anstrengen.)

Ich mache diesen Fehler nie wieder, dass ich für einen Mann komplett meine Freundschaften aufgebe. Damals ist es einfach passiert. Weil alles neu für mich war. Und es war toll. Nach Jahren als Single konnte ich endlich sagen: Ich habe einen FREUND! Ich konnte bei Facebook meinen Beziehungsstatus von »Es ist kompliziert« oder »Es wird niemals was werden« oder »Forever alone« ändern zu »Ich habe einen Freund, MOTHERFUCKERS!« Er musste sich nur die Schnürsenkel seiner Turnschuhe zubinden – schon war ich begeistert. MEIN Freund! Ich schwöre, ich fand alles toll, was er gemacht hat! Er hätte sogar neben mir furzen können, ich hätte nur gesagt: *Was raus muss, muss raus. Ist doch voll natürlich* ... Gehört vielleicht dazu, aber ich bleibe doch lieber bei: NEIN, DANKE!

Heute suche ich nicht mehr nach jemandem, der mich erfüllt. Ich bin erfüllt. Ich bin 39 Jahre alt, ich kann es kaum erwarten, die 40 zu sehen, mir wachsen langsam graue Haare – und das ist okay für mich. Mein Körper ist topfit und ich fühle mich richtig hart. Ich war noch nie so eins mit mir und meinem Körper. Ich war noch nie so selbstsicher. Ich kann Ja und Nein sagen, ich kann Gut und Böse unterscheiden. Ich kann ganz egoistisch über Dinge entscheiden. Ich wache auf, gucke aus dem Fenster und bin zufrieden. Ich bin glücklich – ohne das von irgendjemandem abhängig zu machen.

Wenn du an diesen Punkt kommst, achtest du nicht mehr darauf, ob er einen Sixpack hat. Du achtest auf nichts. Weil dein Glück nicht von einem Partner abhängig ist. Wenn ein Mann in mein Leben treten darf, darf er teilhaben an meinem Glück. Aber er IST nicht das Glück.

Ich habe dieses Buch meiner Mutter gewidmet, weil sie immer recht hat – auch wenn ich ihr nicht immer zugehört habe. Einer ihrer besten Sprüche war: *Senna, pack niemals einen Mann IN dein Herz. Pack ihn neben dein Herz.* Ich habe sie gefragt: *Warum, Mama?* Sie hat es mir erklärt: *Wenn du ihn in dein Herz packst, bestimmt er den Rhythmus deiner Launen. Wenn du ihn neben dein Herz packst, hört er nur deinen Herzschlag.* Das macht Sinn! Es bedeutet: Lieb ihn, aber lieb dich selbst immer noch ein wenig mehr. Die Weisheit meiner Mutter ist so krass!

Unabhängigkeit ist das höchste Gut einer Frau. Das hat nichts mit Feminismus zu tun, das hat mit gesundem Menschenverstand zu tun. Sei unabhängig – das hat mir meine Mutter beigebracht. Meine Mutter ist traditionell religiös, sie glaubt sehr an Gott. Sie ist so oft in Mekka gewesen, dass es für eine ganze Großfamilie reicht. Sie trägt Kopftuch, sie hat sich noch nie geschminkt, sie hatte nur einen einzigen Mann – meinen Vater. Er ist gestorben, als ich zwölf war. Aber meine Mutter ist eine Löwin. Sie hat alleine vier Kinder großgezogen. Sie hat immer gesagt, Senna, scheiß drauf, was andere sagen. Auch wenn sie gefragt wurde, warum ist deine Tochter immer noch unverheiratet? Meine Mutter hat geantwortet: Meine Tochter muss ihr Glück nicht von einem Mann abhängig machen.

Nicht falsch verstehen: Wenn meine Mutter mich im Playboy sehen würde, würde sie mich umbringen. Sie will nicht, dass ich mich für die Öffentlichkeit ausziehe. Auch meine Bikinifotos mag sie nicht. Aber beim Thema Unabhängigkeit war sie schon immer so. Meine Mutter ist eine großzügige, intelligente, schöne, weise, unabhängige Frau. Von ihr habe ich das alles. Heute ist sie knapp 70 und stolz auf mich. Sie sitzt in meiner Show und sagt: Das ist MEINE Tochter!

An die Frauen in dieser Welt: Hört auf, abhängig zu sein! Lernt einen Beruf, verdient euer eigenes Geld. Männer kommen und gehen. Deine Jugend, deine Schönheit, deine Gesundheit – das alles kann ein Mann im schlimmsten Fall kaputt machen, wenn er nicht der richtige ist. Wenn du aber unabhängig bleibst, kannst du jederzeit gehen. Wenn er dich beleidigt oder wenn er dich betrügt, kannst du gehen. Wenn er versucht, dich zu schlagen, gib ihm 'ne Bombe zurück und geh, Schwester!

Und das hier geht jetzt an die Frauen in meinem Alter: Ich muss euch eigentlich nichts mehr beibringen. Ich will euch nur daran erinnern, wer ihr seid. Nämlich starke, schöne Frauen. Wir sind was Besonderes, nicht wie Rosen, die es immer und überall gibt. Wir sind Tulpen.

Und an die Jüngeren unter euch: Sucht euch bessere Vorbilder! Entfolgt den sogenannten Power Girls! Das sind kleine Mädchen, die bringen dir nichts bei. Außer vielleicht, dass du diesen oder jenen Augenbrauenstift kaufen sollst. Was hat das mit Power zu tun? Alle haben Miley Cyrus gefeiert, als sie sich nackt auf diese riesige Abrissglocke gesetzt hat: Oh, toll, sie hat sich weiterentwickelt! HALLO? Sie ist nackt und leckt an Metall herum. Oder Nicky Minaj. Du verstehst noch nicht mal ihre Songtexte, du siehst nur ihren Hintern.

Es gab vor uns eine Generation Frauen, die haben ihre BHs verbrannt, damit sie mehr gesellschaftliche Rechte bekommen. Wusstet ihr, dass wir Frauen erst seit Kurzem wählen dürfen? Auch das haben uns unsere weiblichen Vorfahren erkämpft. Und jetzt eifern wir fetten Ärschen hinterher? Ich habe nichts dagegen, dass wir Frauen uns sexy fühlen und es auch zeigen. Aber es sollte noch mehr als das geben! Das eine ist nur Unterhaltung. Echte Power fühlt sich anders an.

Ich bin von Gott abhängig und von meiner Mutter. Das war's. Von niemandem sonst. Und ich rate allen Frauen zur Unabhängigkeit!

Denn am Ende des Tages werden viele gehen. Auch wenn du es jetzt nicht glaubst: Du wirst dich neu verlieben, neue Freundschaften schließen, alles wird wieder von vorne anfangen. Das Leben ist vielseitig. Es bietet dir viele Möglichkeiten. Aber wenn du dir als Frau diese Fragen nicht beantworten kannst: *Wer bin ich? Was ist mein Ziel oder meine Aufgabe im Leben? Was will ich erreichen?* Dann hast du ein richtiges Problem.

Erkenne, wer du bist. Was kannst du gut, was kannst du weniger gut? Lern dich kennen – dann bist du schon einen großen Schritt weiter. Nicht auf dem Weg zum perfekten Partner oder zum perfekten Beruf oder zur perfekten Wohnung oder zum perfekten Auto. Nein: einen Schritt weiter auf dem Weg zu einem Leben voller schöner Momente. Weil du sie endlich genießen kannst. Das Glück ist in DIR. Große Denker, große Schriftsteller haben das schon gesagt – und sie hatten recht.

Du bist der Schlüssel zu allem.

- 15 -
TRAU DICH

Er hat dich verlassen? Meldet sich nicht mehr? Hat dich eiskalt sitzen lassen? Oder ist jetzt mit einer zusammen, die noch nicht mal deinen Mittelfinger wert ist? Es ist wirklich wahr: Viele Menschen sind schon an ihrem gebrochenen Herzen gestorben. Nicht weil das Herz wirklich bricht. Aber ein gebrochenes Herz schadet ernsthaft deiner Gesundheit, deinem Nervensystem. Irgendwann wird dein Körper sagen, ich kann nicht mehr.

Du kannst gegensteuern. Ablenkung ist die beste Medizin. Mach Sachen, die du immer schon mal machen wolltest. Setz dir ein Ziel. Das kann eine Reise sein – oder ein neues Hobby, mit dem du schon immer anfangen wolltest. Oder erledige Dinge, die schon lange auf deinem Tisch liegen.

Ich wollte Delfine sehen. Ich bin wegen der Delfine auf eine Insel geflogen. Ich wollte sie unbedingt im Meer in Freiheit sehen, nicht in Gefangenschaft in einem Pool. Ich habe sie dann vom Boot aus gesehen, obwohl das nur sehr selten passiert! Es war ein Moment absoluter Glückseligkeit. An meinen Kummer habe ich gar nicht mehr gedacht.

Jeder kann das machen, ob jung oder alt. Es reicht manchmal schon, wenn du dir eine Pflanze kaufst und guckst, wie sie wächst. Hauptsache, du findest etwas, das dich interessiert und inspiriert – und ich rede nicht von der Gucci-Hose. Es muss eine Herausforderung geben, die du dann erfolgreich meisterst. Das hat nichts mit Shoppen zu tun. Shoppen tut der Seele gut, aber deinem Portemonnaie nicht. Es hält auch nicht lange vor. Finde was Langfristigeres. Wie häkeln – ich schwöre, Häkeln ist geil! Hört sich echt krank an, aber hat mir geholfen. Häkeln ist der Hammer! Und alle meine Freunde haben nun mindestens zehn Topflappen bei sich zu Hause.

Es geht um Sachen, bei denen du ein Ergebnis erzielen und stolz auf dich sein kannst. Hauptsache, es tut deinem Körper und deiner Seele gut. Sodass du hinterher sagen kannst, wow, das war ich! Das habe ICH geschafft. Such dir etwas, bei dem du etwas leisten musst und anschließend die Früchte deiner Arbeit sehen kannst. Du brauchst eine Beschäftigung, um die Leere in dir auf gesunde Weise zu füllen. Etwas, was dich weiterbringt, was dich erfüllt und glücklich macht.

Ich bin mal in einer Zeit, in der ich Liebeskummer hatte, nach Namibia geflogen. In die Provinz, dahin, wo es keinen Fernseher gibt, keinen Strom, keine Dusche, keinen Kühlschrank. Ich habe zwei Wochen bei diesen Menschen gelebt, für eine Fernsehsendung. Die Sendung hatte keinerlei Sinn, das war wirklich Scheiß-TV. Aber das war in einer Phase meines Lebens, wo ich voller Liebeskummer war und ich die Welt nicht mehr verstanden habe. Und ich schwöre, wir haben in den Hütten auf dem Boden geschlafen! Ich hatte kein Handy, ich wusste nicht, was in der Welt vor sich geht. Und ich habe die Sprache dieser Menschen nicht verstanden.

Ich habe dort viele Frauen kennengelernt. Die hatten ihre eigene Kultur, ihre eigene Lebensart. Ich hatte einen kleinen Spiegel dabei, und weil sie sich bis dahin noch nie im Spiegel gesehen hatten, haben sie echt erschrocken geguckt. Ich habe mit ihnen ihr Leben geteilt, habe von ihren Nahrungsmitteln gelebt, von den Tieren, von den frisch gelegten Eiern. Diese Frauen und ich, wir hatten nichts gemeinsam – weder unsere Hautfarbe, unsere Kleidung, unsere Einstellungen, noch unseren Glauben, gar nichts. Trotzdem haben wir uns super verstanden! Ohne Sprache, mit Händen und Füßen! Weil wir Frauen immer einen Weg zur Verständigung finden.

An dem Tag, bevor ich aus der TV-Show rausgeflogen bin, war ich auf einem Berg. Das war das krasseste Erlebnis. Erstens, weil mir klar geworden ist, dass ICH es schaffe, ohne Konsum zu leben. Nicht für immer vielleicht, aber für den Moment. Das hätte ich mir vorher niemals zugetraut. Aber es hat funktioniert, ich habe die Kette gelöst. Zweitens, dass ich den Mut hatte, alleine dort hinzugehen, eine fremde Kultur zu erleben, andere Frauen kennenzulernen.

Mein drittes Erfolgserlebnis war der Berg selbst. Ich stand dort oben und – die Sonne war noch nie so groß! Ich habe den Sonnenuntergang gesehen und einen riesigen Wasserfall. Am Wasser standen wilde Tiere, die hatte ich noch nie zuvor in Freiheit gesehen. Ich dachte nur: WOW! Die Menschen, die dort leben, sehen das jeden Tag. Aber für mich war das unglaublich. Ich war SO KLEIN angesichts dieser Natur. Ich kam nach Hause voller Freude und Stolz. Der Schmerz war viel kleiner als vor meiner Reise.

Solche Erlebnisse musst du dir verschaffen. Das ist machbar, auch mit wenig Geld.

Keiner sagt, dass es sich nicht wiederholen wird. Dass dir jemand wieder das Herz bricht. Aber wie gesagt, die Abstände zwischen den Phasen werden kürzer. Du lernst damit besser umzugehen. Du siehst das Konfliktpotenzial schon von Anfang an. Sein Verhaltensmuster wird sich nicht ändern. Aber du kannst dir selbst eine Schelle geben und sagen, wart mal ganz kurz, das kenn ich doch schon!

Meine Mutter hat immer gesagt: *Liebe ist launisch*. Das wahre Gerüst jeder Lebenssituation ist der Respekt. Aber wie kannst du von der Welt Respekt verlangen, wenn du keinen Respekt vor dir selbst hast – vor deinem Körper, deiner Seele, deinem Sein?

Ich sage das jetzt auch zu den Frauen, die sich gegen eine schlechte Ehe entschieden haben, die ihre Kinder alleine großziehen, die ihren Weg alleine gehen: Ihr denkt vielleicht manchmal, ihr schafft das alles nicht – doch, ihr schafft das! Der Wille versetzt Berge. Ich war auf diesem Berg. Es war eine große Herausforderung, wieder zurück auf die Bühne zu gehen.

Wisst ihr, wie krass das ist? Dieser erste Moment? Wisst ihr, wie viel Angst ich hatte? Ich habe gedacht, ich verkacke es bestimmt. Aber ich hab's trotzdem gemacht. Ich habe es geschafft. Aber selbst wenn ich es verkackt hätte, wäre ich stolz gewesen, dass ich mich überhaupt getraut habe. Denn Probieren geht über Studieren. Probier Dinge aus! Mach Sachen, vor denen du bisher Angst hattest. Versuch die Angst zu besiegen. Die Angst ist dafür da, dass du die Herausforderung annimmst und dein Bestes gibst. Hab keine Angst mehr vor deiner Angst.

Bei mir ist es die Bühne gewesen, das Reisen ins Unbekannte, der Kampf mit mir selbst, das Fliegen. Manchmal auch die Angst zu verlieren. Afrika steht für die Angst vor dem Fremden. Die Bühne steht für die Angst zu versagen. Das Fliegen steht für die Angst, dass mir etwas passiert.

Bei dir ist es vielleicht etwas anderes. Jeder Mensch hat Träume und jeder Mensch hat Ängste. Wenn du dich deinen Ängsten stellst, kommst du dir selbst einen Schritt näher. Das ist die BESTE Ablenkung von Liebeskummer!

Der richtige Mann wird dich lieben für diese Weisheiten. Auch für das, was du an Geschichte mitbringst. Das Innere macht dich nämlich aus – nicht deine äußere Schönheit. Kummer ist dafür da, dass du ihn beseitigst, dass du dich selbst heilst. Und es gibt nichts Heilsameres als die Medizin, die du dir selbst zusammenstellst. Die ehrlichsten Geschichten sind die schönsten. Schreib deine Geschichte so, wie du sie gerne lesen würdest! Vielleicht ist deine ein Drama oder ein Märchen, vielleicht romantisch oder spannend. Oder alles zusammen.

Ich wünsche uns jedenfalls allen das schönste Happy End!

- 16 -

WENN ER DICH BLOCKIERT

Dieses Sprichwort, dass man die Last der ganzen Welt auf seinen Schultern trägt, das stimmt bei Liebeskummer wirklich. Man hat keine gute Körperhaltung. Stress und Kummer schlagen auf deinen Magen. Der ganze Körper ist nervös. Die Schultern sind weit hochgezogen, bis zu den Ohren, und in der Position schläfst du auch. Wenn ich Liebeskummer habe, schlafe ich nicht gut. Kennst du diese Träume, wo du fällst und fällst und fällst? Die habe ich. Dann wache ich mit einer Migräne auf. Mein Nacken knackt und ich habe Bauchkrämpfe.

Woher kommt dieser Stress? Weil es eine Sache in deinem Leben gibt, die dich die ganze Zeit beschäftigt, DIE GANZE ZEIT. Dadurch, dass du die ganze Zeit darüber nachdenkst, vergisst du zu essen und zu trinken. Du fällst in ein tiefes Loch. Wirst depressiv. Dein Rhythmus ist auch uncool. Du gehst echt spät ins Bett, um zwei oder drei Uhr morgens. Das alles schlägt sich auf deinen Körper nieder. Dein Körper ist dein Tempel – aber jetzt gerade ist dein Körper eine komplette Katastrophe. Das liegt daran, WEIL ER DICH ABSERVIERT HAT.

In dieser Situation stecken wir alle mal. Ich sage nicht,

dass ich kurz davor bin mich umzubringen. Aber ich sage, dass das Leben gerade im Moment keinen Spaß macht. Alles ist sehr anstrengend. Nichts macht Sinn. Sogar essen macht keinen Spaß.

Wie kommen wir jetzt aus dieser Geschichte wieder raus? Weil hey, wir kennen das doch schon. Wir haben das doch schon alles gehabt! Wir hatten uns doch vorgenommen, beim nächsten Mal viel besser damit umzugehen!

Es kann sogar noch schlimmer kommen. Zum Beispiel, wenn er dich blockiert. Du erkennst es daran, wenn du sein Profilbild und seinen Online-Status nicht mehr sehen kannst. Oder wenn du ihm eine Nachricht schickst und du nicht sicher bist, ob er dich blockiert, weil sie permanent nur den einen grauen Haken hat – Hilfe! Wenn du diesen Verdacht hast, kannst du auf Nummer sicher gehen und eine Freundin fragen, ob sie mal seine Nummer abspeichert. Wenn sie sehen kann, dass er online ist … dann weißt du Bescheid. Er hat dich BLOCKIERT. Meine Freundinnen und ich, wir haben das alles schon gemacht. Obwohl wir erwachsene Frauen sind! Wir haben vor unseren Handys gesessen und gewartet, ob er online geht. Alle meine Freundinnen hatten seine Nummer eingespeichert, um zu checken, ob sie seinen Online-Status sehen können.

Wenn jemand dich blockiert, gibt es eigentlich nur diese zwei Gründe: Du nervst. Menschen, die jede Sekunde anrufen oder schreiben – die nerven. Oder: Du hast jemandem etwas so Schreckliches angetan, dass er dich blockieren muss. Wenn es nicht diese Gründe sind, dann gibt es noch eine dritte Möglichkeit. Jemand blockiert dich, um zu sehen, wie du reagierst.

Was ich euch rate? Nicht reagieren, natürlich. Aber ich weiß, wo du emotional gerade bist, Schwester, denn ich war da auch schon. Also sage ich: Okay, DARAUF darfst du ausnahmsweise reagieren. Man sollte einen neutralen Text schreiben, außerhalb von WhatsApp, weil du ihn dort ja nicht erreichst. Eine erwachsene SMS. Ich habe so was geschrieben wie: *Weißt du, ganz ehrlich, man blockiert Menschen nur aus zwei Gründen. Ich weiß nicht, was ich dir angetan habe, aber ich HASSE es, bei Frauen wie bei Männern, wenn man mir nicht antwortet.* Schreib ihm, dass du das nicht okay findest, egal wer es macht. Er soll sich nicht wie was Besonderes vorkommen. Wenn er dich grundlos blockiert, zeigst du ihm damit, dass sein Verhalten echt beschissen ist. Dann habe ich noch hinterhergeschoben: *Ich dachte, du bist einer von den Netten.* Der Satz killt jeden.

Natürlich reagiert ein Mann auf solche Nachrichten. Aber merkst du was? Genau: Es ist ein Spiel. Er wird behaupten, dass er dich nicht blockiert hat. Haha, ist klar. Ich rate dir wieder: Antworte nicht. Aber leider sagt die Regel, dass ALLE Frauen darauf reagieren. Weil sie Redebedarf haben.

Mach es doch lieber wie ein Typ. Du musst lernen, wie ein Mann zu denken. Sei äußerlich eine Frau, aber handle wie ein Typ. Das ist die korrekte Mischung! Du musst jetzt den richtigen Schachzug machen, sonst bist du schachmatt. Ich habe immer so gehandelt, wie 99,9 Prozent aller Frauen handeln würden. Es hat mir nichts gebracht, ich hatte danach immer noch Fragezeichen im Gesicht. DU musst es jetzt richtig machen! Es ist besser, wenn du ihm gar nicht schreibst und mit diesem Fragezeichen lebst, als wenn du ihm schreibst und hinterher denkst, was hat es mir jetzt gebracht? Jetzt habe ich mich DOCH wieder bei ihm gemeldet.

Was würde ein Mann tun in dieser Situation? Ein Mann würde dir nicht schreiben, wenn du ihn blockierst. Es würde ihn nicht bocken, dass du kein Profilbild bei WhatsApp drin hast. Er würde es vielleicht nicht mal merken. Ein Mann denkt praktisch. Was er mitkriegt: Wenn er ignoriert wird. Das merkt er!

Ich weiß von vielen Männern: Wenn eine Frau einen Mann blockiert und er merkt es, dann hat er erst mal einen Schock. Aber das vergeht wieder. Weil seine Freunde ihm einreden: *Ach, das macht die nur, um Aufmerksamkeit zu bekommen. Sie hat sowieso ADHS.* Er glaubt es, fühlt sich bestätigt – und das pusht sein EGO!

Das viel Schlimmere, was du einem Mann antun kannst, ist Ignoranz. Wenn du nicht auf ihn eingehst. Das nervt und kitzelt einen Mann. Ich weiß, das hört sich jetzt an wie ein Spiel. Ist es auch. Aber wenn du spielst, dann spiel richtig – mach den richtigen Schachzug. Wenn er DICH blockiert, blockier du ihn nicht auf WhatsApp oder Instragram. Blockier ihn in deinem Kopf! Und gib dich fürs Erste damit zufrieden. Dein Moment kommt schon noch. Dann heißt es für ihn: schachmatt. BOOM!

- 17 -

DU KANNST ES DREHEN

Mein Tag hat damit angefangen, dass nichts geklappt hat. Man könnte sagen, ich bin mit dem falschen Fuß aufgestanden, aber das kann nicht sein. Ich stehe immer mit zwei Füßen auf. Trotzdem war mein erster Gedanke: Ich HASSE mein Leben!

Es ging ätzend weiter. Eine Lieferung, auf die ich schon lange warte, kam – war aber kaputt. Hey, wollt ihr mich verarschen! Ich habe mich mit dem Lieferanten gestritten, fast hätte ich seinen Vater und seine Mutter beleidigt. Dann habe ich eine berufliche Absage bekommen. Leute haben mich genervt. ER hat sich natürlich auch nicht gemeldet. Dadurch bin ich noch mehr in den Hass-Modus gekommen.

Ich bin dann allein ins Café gegangen. Am Nebentisch saß eine Frau mit ihrer Freundin. Da dachte ich, wo ist meine beste Freundin? Ach ja, sie ist verheiratet. An einem anderen Tisch saß ein schwules Paar. Ein Tisch weiter: ein Paar, das sich die ganze Zeit gestreichelt hat. Mein Gesichtsausdruck wurde immer verstörter. Egal, wo ich hingeguckt habe: Rundherum haben sich alle GELIEBT. Ich habe auf den Stuhl mir gegenüber geguckt. Da saß: niemand.

Wow. Ich habe überlegt: Fühlt sich das jetzt gerade gut oder schlecht an? Ich weiß es nicht mal.

Ich merke nur, wie mich die Gesellschaft unter Druck setzt. Ich sehe ein verliebtes Paar und denke, warum habe ich das nicht. Ich sehe befreundete Menschen und denke, wo sind meine Freunde? Aber dann hab ich mich gefragt: Willst DU das überhaupt? Jetzt hier mit deiner Freundin hocken? (Eigentlich hatte ich gar keinen Bock, mit jemandem zu reden, weil ich viel zu müde war.) Oder willst du jetzt gerade gestreichelt werden? Nee, eigentlich nicht.

Senna, was willst du denn?

ICH WEISS ES NICHT!

Wenn ich sage, ich bin Single, krieg ich immer sofort den Satz zu hören: Der Richtige kommt schon noch. Ich würde gerne mal zurückfragen: *Was denn für ein RICHTIGER?* Das ist ungefähr so, wie wenn ich sage: *Ich trinke keinen Alkohol.* Und mein Gegenüber antwortet darauf: *Gut, aber mit einem Sekt können wir doch anstoßen.* HALLO, ich trinke KEINEN Alkohol! Sekt IST Alkohol! Oder wenn Leute im Ramadan fragen: Wie, du trinkst nichts? Auch kein Wasser?

Was ist bloß los mit den Menschen? Warum wollen sie dir immer etwas aufzwingen? Auch wenn es alle nur gut meinen – haltet das Maul! Was für ein Richtiger? Ich lerne im Moment nur Volltrottel kennen! Und wenn die Leute mir dann raten, ich sollte vielleicht mal *in anderen Kreisen suchen*... WO DENN, bitte? In Vietnam?

Die Gesellschaft denkt, das Glück liegt in einer Partnerschaft mit ganz vielen Kindern. Und nur dort. So ist es aber nicht. Natürlich kann ein Partner dich glücklich machen. Aber du musst von vorneherein glücklich sein.

Wie ich also mit meinen Selbstzweifeln in diesem Café sitze – die Geschichte ist nämlich noch nicht zu Ende –, kommen auf einmal zwei junge Mädchen an meinen Tisch. Sie waren wunderwunderwunderschön. Sie haben gesagt: *Senna, wir wollten eigentlich nur sagen: Wir LIEBEN deine Videos! Und du siehst so schön aus.*

Das ist Karma, Leute! Wenn du denkst, nichts geht mehr, alles ist negativ – dann passiert auf einmal irgendetwas Gutes. DARAUF musst du hören. Darauf habe ich dann meinen weiteren Tag gebaut. Scheiß drauf. Hör auf zu hassen. Du kriegst bloß Kopfschmerzen.

Dieses Geschenk habe ich von zwei schönen, jungen Frauen bekommen. Die schönsten Komplimente in meinem Leben kriege ich von Frauen. Ich habe gesehen, dass es die beiden Mut gekostet hat, mich anzusprechen. Aber sie haben sich getraut, sie haben es gemacht. Sie haben meinen Tag verändert. Also kann ich das auch.

Auch wenn du düstere Tage hast: Du kannst Stopp sagen!

Ab dem Moment, als ich mich entschieden hatte, mir nicht mehr die Laune verderben zu lassen, ist nur noch Gutes passiert. BAM! Der Rest der Lieferung kam am Nachmittag. Der Typ, dem ich morgens noch die Schuld gegeben habe, hat mir alles reingebracht und montiert. Ich habe mich sehr herzlich bedankt und ihm eine Autogrammkarte für seine Tochter gegeben. Dann habe ich noch ein ganzes Kapitel für mein Buch geschrieben – dieses hier.

Wenn dich das Leben ärgert, sei schlau, ignoriere es. Du wirst sehen: Schon wendet sich das Blatt! Glaubt mir, Mädels da draußen, oder wer auch immer gerade das Buch in der Hand hat, wenn deine Laune stimmt, siehst du die Welt anders und du veränderst was.

Bei Liebeskummer hast du keine gute Laune. Das wirst du nicht verhindern können. Aber was du beeinflussen kannst, ist die Länge deines Kummers. Die Zeit bestimmst nur du. Ich habe an diesem Tag beschlossen: Hier und jetzt hört es auf. Schon hat es sich alles ins Positive gewendet.

Diese Theorie haben sehr weise Menschen schon lange vor mir formuliert. Kluge Leute wie der Dalai Lama. Den Dalai Lama habe ich übrigens mal getroffen. Ich war von einer Zeitschrift zu einer Veranstaltung eingeladen, bei der er sprechen sollte. Ich kannte den Dalai Lama bis dahin nur aus Erzählungen. Ich verehre ihn sehr, er steht für mich auf einer Stufe mit Nelson Mandela, Muhammad Ali, Mutter Teresa oder Lady Di. Bei seiner Rede saß ich ziemlich weit hinten. Du denkst jetzt sicher, das wurde mir nur ermöglicht, weil ich die bin, die ich bin. Bullshit! Die Geschichte hat nämlich noch eine völlig unerwartete Wendung genommen.

Am nächsten Morgen wollte ich im Hotel zum Fitnessraum gehen. Wann geh ich denn mal zum Sport? Ich bin also ohne Handy den Flur entlanggelaufen. Auf einmal sehe ich voll viele Leute. Die Mönche von gestern! Ich habe sie angelächelt. Die Mönche hatten beim Laufen einen Kreis gebildet, als würden sie etwas in ihrer Mitte beschützen. Ich bin an ihnen vorbeigelaufen und habe *Hi* gesagt. Dieses *Hi* war wohl so laut, dass sich der Kreis plötzlich geöffnet hat. Da war der DALAI LAMA! Ich war so schockiert, ich hab voll gezittert! Ich war ihm noch nie so nahe. Ohne dass ich überhaupt damit gerechnet hatte. Er blieb kurz stehen, kam zu mir und hat mich gesegnet. Wir standen Kopf an Kopf. Dort in dem Flur.

Und das war meine Lektion: Es passieren großartige

Dinge – ausgerechnet in den Momenten, in denen du niemals damit rechnest. Die Begegnung mit dem Dalai Lama war wunderschön, sie hat mich sehr geprägt. Es hat nicht stattgefunden, weil ich berühmt bin oder weil ich auf diese Veranstaltung eingeladen wurde. Es ist einfach passiert. Weil es so sein sollte.

- 18 -

GOOD ENERGY VS. BAD ENERGY

Manchmal erzähle ich meinen Freundinnen nichts von meinen Dates. Ich will keine äußeren Einflüsse. Ich will mir selbst ein Bild machen. Wir lieben unsere Freundinnen. Aber Freundinnen beeinflussen uns auch. Manchmal haben sie eine schlechte Meinung von einem Mann, sie denken nicht gut über ihn. Oft haben sie damit recht, aber du willst dem Typen trotzdem eine Chance geben. Es könnte sein, dass sie richtig liegen. Aber: Du musst es selbst herausfinden.

Natürlich kannst du deinen Freundinnen erzählen, dass du jemanden triffst. Aber mach es doch einfach mal HINTERHER. Nicht vorher. Denn vor dem Date bist du sowieso schon verwirrt und durcheinander. Ich finde es auch vollkommen in Ordnung, erst mal gar nichts zu erzählen.

Ich bin ein sehr spiritueller Mensch, ich glaube an Energien. Manchmal habe ich das Gefühl, ich sollte Sachen gar nicht aussprechen. Mein Leben ist für manche Leute wie eine gute Serie, sie wollen ständig wissen, was passiert ist und wie es weitergeht – aber das tut mir nicht immer gut.

Meine Großmutter hat immer gesagt: Halt deinen Mund. Meine Mutter sagt immer: Sprich nicht zu viel über deine

Pläne. Sie werden dir sonst nicht gelingen. Das gilt vor allem für berufliche Angelegenheiten. Viele Sachen sind mir nicht gelungen, weil ich sie anderen zu früh erzählt habe. Ich bin sicher, dass das was mit bad energy zu tun hat. Der Mensch hat positive und negative Energien in sich. Ich gehöre zu den Menschen, die voll auf Energien reagieren. Wenn Vollmond ist, tun mir die Knochen und die Gelenke weh. Ich kriege Heißhunger und bleibe wach. Ich schaue sehnsüchtig den Mond an – wie Teenwolf! Bei abnehmendem Mond ist es am schlimmsten. Da habe ich Kopfschmerzen und Kreislaufstörungen, bin schlecht gelaunt und grimmig. Oder wenn es regnet: Katastrophe! Ich will weinen, alles aufgeben ... Sobald die Sonne scheint: *Lass uns die Welt erobern!* Ich bin total anfällig für äußere Energien.

Wenn man so reagiert, muss man sich vor den negativen Energien anderer Leute schützen. Sie erzählen dir ihre Probleme – und du nimmst diese Probleme mit in dein Leben hinein, ob du willst oder nicht. Ihre Sorgen werden auf einmal deine Sorgen. Beispiel: Du hörst eine Geschichte über jemanden, der jung Krebs bekommen hat und daran gestorben ist. Du kennst diesen Menschen gar nicht. Aber auf einmal denkst du dauernd, das könnte mir auch passieren. So fängst du an, Energien anzuziehen. Ängste, Verluste, Krankheiten.

Ein anderes Beispiel: Die Freundin einer Freundin, mit der ich nichts zu tun habe, die nie nach meinem Wohlbefinden fragt, nervt mich tagelang mit einer unwichtigen Frage nach einem Beautydoc. Ich habe einmal nicht geantwortet, zweimal nicht geantwortet, dreimal nicht geantwortet. Sie hat weiter gefragt. Dann habe ich ihr geschrieben: Du nervst mich. Hier ist die fucking Nummer. Wie penetrant kann ein

Mensch sein? Kein normaler Mensch würde auch nur ein drittes Mal fragen. Solche Leute ziehen Energien. Das sind Menschen, die in deinem Leben nichts verloren haben. Sie wollen immer was von dir, fragen aber nie, ob du etwas brauchst oder wie es dir geht. Solche Menschen brauchst du nicht. Ob es nun Männer sind oder Frauen.

Das hat nichts damit zu tun, ob man bekannt ist oder in der Öffentlichkeit steht. Es kann dir auch passieren, wenn du diejenige in eurem Freundeskreis bist, die immer alle um Rat fragen. Am Anfang heißt es noch: *Hey Süße, wie geht's dir?* Dann erzählen sie dir diese lange Geschichte. Dir fällt gar nicht gleich auf, dass du gerade gefordert wirst. Dass du schon wieder die Probleme anderer löst und deine Energie abgibst.

Wenn du das ein paarmal mit dir machen lässt, werden deine Bekannten direkter: *Hey, wie geht's, sag mal, könntest du mir...?* Wenn du das auch durchgehen lässt, weil du eine gute Seele bist, wird es irgendwann passieren, dass eine Bekannte zu dir sagt: *Kannst du für mich...?* Ohne Einleitung. Als ob das ganz selbstverständlich wäre.

Es ist schön, ein guter Mensch zu sein. Aber es ist nicht schön, ein guter, dummer Mensch zu sein.

Ich habe mich oft ausnutzen lassen – weil ich Angst hatte, dass Leute schlecht über mich denken. Scheiß drauf! Wenn sie dich für ihre Bedürfnisse ausnutzen, denken sie sowieso nur an sich selbst.

Jemand, der dich wirklich mag, der fordert nicht so krass Dinge von dir. Der erledigt seinen Kram erst mal selbst. Nur wenn er merkt, er schafft es nicht alleine, versucht er dich zu fragen – vorsichtig und mit Respekt.

Wenn du jetzt sagst, man darf im Leben, in der Liebe, in

der Freundschaft keine Gegenleistung erwarten – doch! Ein *Danke?* Ein *Bitte?* Ein *Wie geht's DIR eigentlich?* Das ist das Mindeste, das du erwarten darfst. Respekt darfst du auch erwarten. Wenn das nicht passiert, will jemand nur deine positiven Energien absaugen.

Ja, meine Messlatte ist hoch. Aber ich verlange so wenig von anderen Menschen, ich traue mich meistens gar nicht zu fragen. Wenn ich frage, stecke ich wirklich in der Klemme.

Meine beste Freundin Clumsy verlangt von mir gar nichts. Wenn sie mich doch nach etwas fragt, dann macht sie das mit sooooo einem langen Intro, das ist der Wahnsinn: *Hey Schatz, aber nur, wenn du willst oder wenn du kannst, echt, wirklich, meinst du, du könntest mir helfen?* Das war's, mehr wird nicht abverlangt. Dabei ist ihr Konto VOLL bei mir. Sie hat schon so viele gute Taten für mich getan – sie dürfte mich sogar fragen: *Könntest du mein zweites Kind für mich bekommen?* Sie darf einfach alles fragen. Und umgekehrt darf ich das auch.

Soll ich euch endlich mal erzählen, wie wir uns kennengelernt haben? Ich war auf einer Hochzeit von Freunden eingeladen, da habe ich Jasmin Erbaş kennengelernt. Sie designt diese schönen Haute Couture Kleider. Jasmin hat mir erzählt, dass sie jemanden kennt, der Augenbrauen macht.

Ich: *Was hast du denn gegen meine Augenbrauen?*

Sie darauf: *Na ja, wäre schöner, wenn du zwei hättest.*

Dann hat sie mir Clumsy empfohlen, mit der sie selbst schon jahrelang befreundet ist. Clumsy hat damals noch in einem Kosmetikstudio gearbeitet. Das war überhaupt nicht meine Welt! Die sind ja alle operiert, dachte ich. Ich hatte krasse Vorurteile gegenüber Menschen, die operiert sind. Aber wir haben uns immer wieder getroffen. Eines Tages, als ich in den Laden reingegangen bin, habe ich gesehen, dass Clumsy verweinte Augen hat. Nach langem Nachfragen hat sie mir erzählt, dass sie in dem Laden gemobbt wird.

Ich hab gesagt: *Geh da weg.*
Aber ich verdiene gut.
Willst du gut verdienen und schlecht behandelt werden?

Wir haben uns ewig unterhalten, obwohl wir uns noch gar nicht lange kannten. Ich habe ihr ins Gewissen geredet. Am nächsten Tag hat sie gekündigt. Es gab dann noch ziemlich Ärger wegen Geld, da hab ich mich halt eingemischt. Das ging einige Wochen mit bösen Anrufen hin und her. Ich stand die ganze Zeit an ihrer Seite.

So ist unsere Freundschaft entstanden. Clumsy (eigentlich heißt sie Seyda) hat sich selbstständig gemacht, sie hat ihren jetzigen Mann Cem kennengelernt – und ich habe den beiden den letzten Schubser gegeben. Dann kam das schönste Geschenk zur Welt: meine kleine Celia, Clumsys und Cems Tochter. Somit war Cems und Seydas Leben vollkommen.

Wir kennen uns jetzt vier Jahre. In der Zeit ist mehr passiert als bei anderen Menschen in 30 Jahren. Es kommt bei wahrer Freundschaft nicht auf die Zeitspanne an. Es gab Menschen, die habe ich sehr lange gekannt und die haben mich trotzdem enttäuscht oder verarscht. Es geht bei Freundschaft um die Intensität und um das, was man zusammen durchsteht. Ich bin laut, manchmal emotional geladen, ich lasse Leute nicht ausreden. Aber ich bin eine gute Freundin!!! Wenn du mich brauchst, gebe ich dir mein letztes Hemd. Dafür muss ich dich nicht zehn Jahre kennen.

Clumsy und ich haben uns gutgetan. Ich habe wieder Karriere gemacht. Als ich Clumsy kennengelernt habe, fing ich gerade an, das aufzubauen. Jede von uns ist auf ihrem Gebiet erfolgreich geworden.

Das ist für mich Freundschaft. Es raubt dir keine Energie. Oder wenn, dann kriegst du immer was zurück. Wenn wir damals da stehen geblieben wären, wo wir in unserem Leben waren, hätten wir uns gegenseitig nicht gutgetan. Aber in diesen vier Jahren haben wir uns vieles erarbeitet. Guck uns jetzt an, wir tragen die krassesten Kleider, speisen in den besten Restaurants, feiern die schönsten Partys. Wir füllen Hallen, wir sind ausgebucht, wir sind erfolgreich, gefragt, haben Hunger auf mehr – aber wir wissen immer noch, wo wir herkommen! Wir sind von unten nach oben gegangen. Wenn du auf diesem Weg ein paar Seelenverwandte triffst, dann ist das, als ob du eine zweite Familie findest.

Früher habe ich über diese ganzen Barbies immer gedacht, die sind oberflächlich. Dabei hat Clumsy so viel Tiefe. Jetzt, wo sie ein Kind hat, merkt man das noch mehr. Sie hatte früher nicht das größte Selbstbewusstsein. Sie hatte falsche Freunde und einen schlechten Typen, den ich bis heute nicht verstanden habe. Mittlerweile kann sie Nein sagen. Sie hat Spaß am Leben, sie sagt, wenn ihr etwas nicht passt. Sie ist innerlich gewachsen. Und – sie war noch nie so schön! Sie hat einen sehr guten Ehemann, eine süße Tochter, eine Familie wie im Bilderbuch. Es gibt auch bei ihnen Höhen und Tiefen, aber die Liebe hält alles im Einklang.

Diese Freundschaft war nicht geplant. Ich habe Clumsy einfach gefunden. Ich habe ihr in einer Lebenssituation geholfen, die brenzlig war. Weil ich es ungerecht fand, was ihr passiert ist. Wenn mir vor zwanzig Jahren jemand gesagt hätte, dass ich einer Frau begegnen werde, die aussieht wie eine Barbie, und dass Barbie meine beste Freundin wird – ich hätte geantwortet: *Niemals!* Ich bin ganz anders aufgewachsen. Ich war immer mit Leuten befreundet, die mir ähnlich waren. Hätte man mir gesagt, dass ich mal mit jemandem rumlaufe, der mehr Wangenknochen hat als ich ... *Niemals!* Aber es ist passiert – und ich fühle mich pudelwohl.

Man darf nicht so viele Vorurteile haben. Das habe ich wirklich abgelegt in den letzten Jahren: meine Vorurteile. Wir stecken uns gegenseitig in Schubladen. Ich werde IMMER, von JEDEM, in eine Schublade gesteckt. Selbst meine Managerin hat mich anfangs in eine Schublade gesteckt: laut und schwierig. Weil irgendjemand irgendwo gehört hat, dass ich mit jemandem laut gesprochen habe... ohne die Vorgeschichte zu kennen. Es dauert eigentlich lange, bis ich an den Punkt komme, wo ich sage: *SETZ DICH HIN, HALT DIE FRESSE und lass mal reden – aber ICH rede zuerst!* Um mich dahin zu bekommen, musst du wirklich Kacke gebaut haben. Ansonsten bin ich laid back. Ich mag mich selbst auch gar nicht in dieser bestimmenden Position. Ich hasse diesen *PASSMAAUF!*-Modus. Denn der erfordert sehr viel Energie. Darauf habe ich meistens gar keinen Bock. Ich mag es lieber voll gechillt. Harmonie!

Trotzdem stecke ich seit Langem in der Laut-und-Asi-Schublade, seit Popstars. Aber wenn man mal das Wort asozial definiert, dann heißt das doch, das sind Menschen, die sich nicht ins soziale Leben einfügen. Ich füge mich ein: Ich zahle Steuern, ich zahle Miete, ich kaufe mein Essen, ich laufe in Kleidung herum. Ich kann also gar nicht asozial sein. Ich bin nur anders.

Ich glaube auch, dass viele denken, ich bin dumm. Das ist noch so eine Schublade. Diese Leute haben vielleicht einen Ausschnitt aus einer Popstars-Folge gesehen, schon wussten sie Bescheid: *Oh mein Gott, das ist Bushido in weiblich!* Aber Bushido wurde auch unterschätzt. Alle haben sich gewundert, als er auf einmal in Talkshows saß, korrektes Deutsch gesprochen hat und in Debatten andere mundtot gemacht hat. Nur weil jemand aussieht wie ein Kanake und sich kleidet wie ein Kanake (und mit Kanake meine ich nicht Ausländer, ich rede vom Prototypen mit Bomberjacke), heißt das noch lange nicht, dass dieser Mensch sich nicht artikulieren kann.

Menschen bilden sich ihre Meinung nur aufgrund des Erscheinungsbilds. Gucci-Jacke? Reich. Aber guck mal ein bisschen genauer hin. Es kann auch eine Gucci-Jacke aus Istanbul sein. Verstehst du, was ich meine? Das ist Profiling, was wir jeden Tag machen. Wir stecken Menschen in Schubladen. Dabei hat das Äußere nicht immer was mit dem Inneren zu tun.

Ich habe aufgehört, mich zu erklären. Ja, ich habe ein Asi-Verhalten in mir. Wenn du mir asi kommst, kriegst du dasselbe Niveau zurück. Ich kann das. Ich kann verschiedene Sprachen sprechen. Ich habe auch eine soziale Seite in mir. Ich habe eine Erziehung genossen, eine verdammt gute übrigens, meine Mutter hat dafür viel Zeit investiert.

Dann habe ich noch eine Tussi in mir, genauso wie ich eine Lady in mir habe. Eine alte, weise Frau. Und einen Bruder. Das ist alles in mir. Ich zeige das nicht an jedem Tag, sondern immer so, wie ich mich gerade fühle. Oder wie mir andere Menschen gegenübertreten.

Eine weitere Schublade, in die Menschen mich stecken,

heißt: die Eiskönigin. Die Leute sehen nur den Erfolg und meine Schlagfertigkeit ... aber das ist mein Instagram-Profil. Meine mütterliche Seite sieht man da nicht. Diese Seite kennen nicht viele. Dabei habe ich diesen Mutterinstinkt in mir, wie jede Frau. Die eine hat ihn mehr, die andere weniger. Das heißt nicht, dass jede Frau Kinder haben soll oder muss. Ich sage nur, dass das da ist. Ich habe diese fürsorgliche Seite sehr stark. Ich bin laut – ich bin aber auch still.

Was ich nicht bin, und das kann ich euch wirklich zu 100 Prozent versichern: Ich bin kein ARROGANTER Mensch. Ich bin vielleicht zu einem gewissen Grad ein selbstverliebter Mensch. Ich kann aber auch andere lieben. Ich habe viel Platz in meinem Herzen, SEHR VIEL! Mit der Zeit habe ich allerdings gelernt, nicht jedem einen Platz zu schenken. Das ist keine Arroganz, das ist Vorsicht. Das hat mich die Erfahrung gelehrt.

Menschen haben nicht nur einen Charakterzug. Wir haben viele Facetten. Wenn ich auf der Bühne stehe, bin ich die Performerin – ich stell mir vor, ich bin der größte motherfucking Star der Welt. So tanze ich und bewege ich mich. Es gibt noch andere Rollen, die ich auf der Bühne spiele – den Horst, den Hamudi, die große Schwester – und dementsprechend verändert sich meine Körperhaltung. Genauso ist es im normalen Leben. Wenn du mit deinem Freund zusammen bist, bist du dann so wie mit deinen besten Freundinnen? Nein. Aber bist du deshalb fake? Beide Seiten gehören doch zu dir.

Wenn mich jemand fragt: Hast du Angst, dass deine nächste Tour nicht ausverkauft sein wird? Da kann ich nur sagen: *Pfffff!* Es reicht schon, wenn meine gesamten Persönlichkeiten da sind, dann ist die Show sold out!

- 19 -

FAKE FRIENDS

Es gab eine Zeit, da ist meine ganze Welt zusammengebrochen. Der Mann, den ich heiraten wollte, ist fremdgegangen und hat sich für diese Frau entschieden. Ein Familienmitglied ist schwer krank geworden. Meine Karriere ist den Bach runtergegangen. Wenn's kommt, dann kommt alles auf einmal.

Meine Mutter hatte damals Krebs. Darüber habe ich bis heute nie geredet. Ich bin einfach von der Bildfläche verschwunden. Ich habe meinen Vater an den Krebs verloren, als ich noch ein Kind war. Meine Mutter ist mein wichtigstes Ventil, meine beste Freundin, der einzige Mensch, der anruft, weil er wirklich wissen will, wie es mir geht. Ich habe immer gedacht, das Schlimmste, was mir im Leben passieren könnte, wäre, wenn ich meine Mutter verliere.

Ich kann mich an den Tag erinnern, als wir die Diagnose erhalten haben. Plötzlich war alles so klein. Monrose. Der Liebeskummer. Alles war bedeutungslos.

Das Positive an der Geschichte war, dass wir Geschwister ganz eng zusammengehalten haben. Wir lieben und streiten uns, aber wir halten im Ernstfall immer zusammen. Ich war mit meiner Mutter bei der Chemo und bei der Bestrahlung.

Ich bin über Nacht geblieben, wenn sie nach der Chemo müde war. Wir Geschwister haben uns abgewechselt. Das Erste, was sie gesehen hat, wenn sie morgens die Augen aufgemacht hat, waren wir – ihre Kinder. Wir haben uns um sie gekümmert, ihr das Gefühl gegeben, dass wir sie brauchen. Wir haben ihr Umfeld so gelassen, wie es war. Wenn sie kochen wollte, habe ich mir halt Spaghetti gewünscht. Das ging schnell, aber es war wichtig für sie. Sie hat sich von uns gebraucht gefühlt.

Ich habe gelernt, dass Krebs viel mit dem Kopf zu tun hat. Du musst psychisch echt am Start sein. Das geht nur, wenn du Liebe und Verständnis bekommst. Meine Mutter hatte auch Tage, an denen sie nicht gut drauf war. Wir wussten: Das ist nicht sie, das ist der Krebs.

Als die Chemo vorbei war, haben wir erfahren, dass meine Mutter geheilt ist. Der Krebs ist bis heute nicht wiedergekommen. Aber die Zeit damals, vor sieben Jahren, war schrecklich. Ich hätte wirklich Freunde gebraucht, aber ich hatte kaum echte. Da habe ich gelernt: Freunde zu finden ist wie ein Lottogewinn. Selbst wenn du Freunde hast, werden diese Menschen vielleicht irgendwann gehen. Am Ende des Tages bleibt das einzig Wahre: deine Familie.

Aus diesem Wissen kannst du Stärke ziehen. Mich haben in meinem Leben schon viele Menschen verlassen. Bei manchen sage ich heute: Zum Glück! Was willst du mit Menschen, die nicht da sind, wenn es dir schlecht geht?

Als ich Awards gewonnen habe, als ich auf roten Teppichen stand, als ich im Fernsehen zu sehen war, habe ich jeden Tag um die hundert Anrufe bekommen. Wie toll ich bin, wie geil ich bin und: *Lass doch mal einen Kaffee trinken!* Als meine Mutter Krebs bekommen hat, hat niemand angerufen.

Alle Last war auf meinen Schultern und auf denen meiner Geschwister.

Als ich nach der Chemo nach Berlin zurückgekehrt bin, brauchte ich erst mal selbst einen Therapeuten. Ich war weg vom Fenster, ich hatte keine Jobs mehr, mein Freund war mit einer anderen zusammen. Ich habe von meinem Ersparten gelebt. Ich war am Ende meiner Kräfte. Ich habe meinen Glauben an alles verloren. Kurzzeitig sogar meinen Glauben an Gott. Das ist das Schlimmste – wenn ein Mensch den Glauben an sich und an Gott verliert.

Jedenfalls hat mich in dieser Zeit eine Freundin einmal spätabends angerufen. Wir waren ganz gut befreundet und sie hat mir auch oft geholfen. Aber an dem Abend hat sie mir irgendwas Belangloses erzählt und wollte einen Rat von mir. Früher hätte ich versucht, ihr zu helfen. Aber ich hatte gerade in der Therapie gelernt, Nein zu sagen. Wenn du müde bist, gehst du nicht ans Telefon. Wenn du drei Tüten in der Hand hast und dein Schwarm ruft dich an, dann GEHT ES halt nicht.

Ich habe damals zu dieser Freundin gesagt, nimm's mir nicht übel, aber ich habe zurzeit nicht die Kraft, um dir einen Ratschlag zu geben. Ich kann dazu nichts sagen. Ich kann jetzt nicht telefonieren. Sie hat es nicht verstanden. Später hat sie mir einen langen Text voller Anschuldigungen geschrieben. Da wusste ich: Sie ist vielleicht ein guter Mensch, aber zu dieser Zeit war sie mir kein guter Freund.

Ja, ich habe mich in dem Moment für mich entschieden. Das rate ich auch dir. Wenn deine Batterien auf null sind: Gönn dir Ruhe, schlaf dich aus, lade die Batterien wenigstens wieder auf 60 Prozent auf. Dann heb 40 Prozent für dich selbst auf und gib nur 20 her. Denn wenn du keine Kraft für dich hast, kannst du anderen auch keine gute Freundin sein. Deine Ratschläge werden besser sein, wenn du wieder mehr Energie hast.

Damals habe ich angefangen, mein Leben zu sortieren. Was soll ich mit einem Batzen Fake Friends, die mir nicht gut tun? Am Ende des Tages bist du selbst dein bester Freund. Die besten Entscheidungen in deinem Leben triffst du, wenn du klar im Kopf, ausgeschlafen und fit bist.

Es gibt ein deutliches Anzeichen für Fake Friends: Wenn du dich ständig ausgenutzt fühlst. Ich hatte mal so eine Freundin. Als meine erste große Liebe mich verlassen hat, war ich sehr down. Ich hätte alles dafür getan, dass es mit diesem Mann funktioniert. Alles! Manchmal habe ich mich für Sachen richtig gehasst. Ich habe so vieles akzeptiert. Ich war sogar so weit – oh Gott, es ist hart, das zuzugeben, aber so war es –, dass ich fast gesagt hätte: *Dann hab doch parallel Frauen. Und wenn du dich binden willst, bin ich da.* Ihr werdet jetzt lachen: Senna, nicht dein Ernst?!! Aber glaubt mir, viele Frauen da draußen spielen mit solchen Gedanken. Weil sie nicht mehr weiter wissen. Weil sie sich denken, ich will ihn unbedingt zurück. Ich habe es damals nicht gesagt – aber der Gedanke war da.

In dieser Phase habe ich eine Frau kennengelernt, die ihn auch kannte. Ich war naiv, ich habe ihr vertraut, obwohl sie eine Fremde war. Wir haben uns angefreundet, haben jeden Tag miteinander verbracht. Dann bin ich nach Berlin gezogen. Sie kam mich besuchen und wir hatten wirklich viel Spaß. Ich habe angefangen, sie einzukleiden. Sie hat bei mir übernachtet. Irgendwann meinte sie, sie will auch nach

Berlin kommen. Ich habe gesagt, komm zu mir, bis du eine Wohnung hast. Sie hat viele Monate lang kostenlos bei mir gewohnt. In dieser Zeit hat sie alles Unmenschliche mit mir gemacht: Mich verraten. Schlecht über mich gesprochen. Mich beklaut. Männer mit in meine Wohnung gebracht. Meine Klamotten getragen und mir weisgemacht, dass es ihre sind.

So weit bringen dich falsche Freunde. Dass du dich für sie schämst. Und es dir trotzdem unangenehm ist, sie auf ihre Fehler hinzuweisen.

Wie ich aus der Geschichte rausgekommen bin? Ich habe gebetet. Lieber Gott, irgendwas fühlt sich nicht richtig an. Ich bin unglücklich. Was ist es? Hilf mir. Am nächsten Tag rief meine Hausverwaltung an. Ich sollte aus der Wohnung ausziehen. *Wieso, ich hab doch einen Mietvertrag! Ja, aber wir machen Ihnen ein Angebot.* Sie wollten die Wohnung verkaufen, aber unvermietet. Sie haben mir eine Summe angeboten, ich habe die Summe weiter hochgepusht, so hoch, dass ich davon locker eine Weile leben konnte. Dann habe ich zugeschlagen. Plötzlich war das Glück wieder da. Als ich mich von den Fake Menschen getrennt und auch die aussortiert habe, die zwar nicht böse waren, aber nicht zu mir gepasst haben – ab da lief es in meinem Leben wieder in die richtige Richtung.

Fake Friends sind nicht gut für dich. Sie helfen dir auch nicht auf der Suche nach Mr. Right. Sie werden dir immer die falschen Tipps geben, dich immer in falsche Sachen reinquatschen. Eine der häufigsten Fragen, die mir auf Instagram gestellt wird, lautet: Woran erkenne ich Fake Friends? Der Mensch hat dafür keinen Radar. Du merkst nicht direkt, ob jemand böse ist und dir was Schlechtes will. Du kannst die Zukunft nicht voraussehen. Aber mit Fake Friends ist es ähnlich wie mit den Fuckboys oder Arschlöchern, die du kennenlernst. Da hast du auch von Anfang an ein schlechtes Bauchgefühl. Mit der Zeit veränderst du dich durch sie zum Negativen.

Manche Dinge kannst du mit Fake Friends nie erleben, sondern nur mit echten Freunden. Ich erzähle euch eine Geschichte, die wirklich passiert ist: Ich hatte eine beste Freundin vom Kindergarten bis zum Realschulabschluss, mit der war ich Tag und Nacht zusammen. Nichts hat uns auseinandergebracht. Nicht mal ein Junge.

Einmal wollten wir unbedingt zu einem Backstreet Boys Konzert, aber wir durften nicht. Sie hatte echt strenge Eltern und ich auch. Das Konzert war in Mannheim, eine Stunde entfernt von Frankfurt. Wir hatten die Kohle für die Eintrittskarten sowieso nicht. Was haben wir gemacht? Wir haben einen Plan geschmiedet! Wir wollten uns einfach in der Schule von jedem eine Mark leihen. So kriegen wir das Geld für die Tickets zusammen, dachten wir.

Der Plan lief nicht wirklich gut. Wir waren irgendwann nicht mehr glaubwürdig. Wir haben uns zu oft eine Mark geliehen und sie nicht zurückgegeben. Wir hatten deshalb mega Schulden, ich zahle heute noch ab. (Bitte meldet euch bei mir, falls ich jemanden vergessen haben sollte.)

Wir sind tatsächlich in diesen Zug nach Mannheim eingestiegen. Heute hört sich das voll harmlos an. Damals war das so, als wenn man alleine nach China reist. Es gab kein Internet, wir hatten kein Geld und unsere Eltern im Nacken, ich sogar noch einen strengen großen Bruder. Wir waren schon ziemlich mutig, es trotzdem durchzuziehen! Wir waren auch der vollen Überzeugung, sie wird Howie heiraten, ich werde AJ heiraten. Dann wird alles gut. Alle Eltern werden zufrieden sein, denn wir werden ihnen allen ein Haus kaufen. Mit Howies und AJs Geld. Das war der Plan.

Wir hatten den Plan leider nicht zu Ende gedacht. Wir sind also in Mannheim angekommen. Wir waren krass geschminkt und sahen für unser Alter sehr reif aus, um es mal vorsichtig zu formulieren. Mit hundert anderen Mädchen standen wir an diesem Zaun und haben die Namen der Jungs geschrien. Sie haben uns aus dem Backstage-Fenster gewunken. Aber hey, wer hätte zu dem Zeitpunkt gedacht, dass wir beide an diesem Abend die Auserwählten sind? Irgendwie habe ich dann nämlich den Koch vom Catering kennengelernt, der zufälligerweise auch Marokkaner war. Ich habe ihm schöne Augen gemacht – und er hat uns backstage reingelassen. Aber nur EINE von uns. Wir mussten uns entscheiden. Wir haben Schnick, Schnack, Schnuck gemacht, meine Freundin hat verloren.

Aber so viel erträgt eine echte Freundschaft. Es ging ja um unsere Traumboys! Wir waren nur noch einen Schritt davon entfernt, sie kennenzulernen. Trotzdem gehört viel Vertrauen dazu, deine beste Freundin in so einer Situation gehen zu lassen. Ihr zu glauben, dass sie dich gleich nachholen wird. *Ich mach das nur kurz klar mit AJ*, habe ich gesagt, *dann hol ich dich.* Sie hat gesagt: *Okay.* Es hat mir trotzdem wehgetan, meine Freundin hinterm Zaun stehen zu lassen, während ich in Richtung meiner rosigen Zukunft gelaufen bin.

Als ich drinnen war, habe ich so getan, als gehöre ich zum Team. Dann stand er vor mir. AJ. Er war gar nicht so groß wie auf meinen *Bravo*-Postern. Seine Haut war auch gar nicht so rein. Überhaupt war nichts, wie es in meiner *Bravo* war. Und er war ziemlich unhöflich.

In dem Moment ist mir eins klar geworden. Es ist nicht AJ – es ist Brian, den ich liebe. Also habe ich mich mit Brian beschäftigt und habe meine beste Freundin TOTAL VERGESSEN. Irgendwann in diesem ganzen Wahn – ich bin wirklich hier, ich bin jetzt in Brian verknallt und er ist so nett zu mir! – fiel mir ein: Da war doch noch irgendwas? MEINE BESTE FREUNDIN! In zehn Minuten sollte das Konzert anfangen. Ich bin rausgerannt zu ihr.

Sie war stinksauer auf mich. STINKSAUER.

Wir sind zusammen wieder rein, standen dann in der ersten Reihe. Irgendwann lief unser Song: *I never break your heart*... Da haben wir uns angeguckt, uns umarmt, wir haben geweint. – weil wir die besten Freundinnen sind. Sogar die Backstreet Boys können uns nicht trennen. Sie hat mir vergeben, dass ich sie kurz am Zaun vergessen hatte. Weil Freundschaft auch heißt, vergeben zu können. Freundschaft heißt zusammenhalten. Nicht nur, wenn's gut läuft. Sondern auch an den schlechten Tagen. Wenn du Freunde hast, die viel Gutes für dich getan haben, und dann war da einmal diese schlechte Sache, die dich aber nicht umgebracht hat, kann man das vergeben. Weil das Gute überwiegt.

Das alles habe ich mit diesem Mädchen erlebt. Ich hätte NIE gedacht, dass wir uns jemals trennen. Oder wenn dann nur, weil sie mit meinem Mann ins Bett gestiegen ist. Aber das wird nicht passieren – denn ich liebe ja Brian, und sie liebt Howie!

Nach dem Konzert sind wir so schnell wie möglich zurückgefahren. Alles war ein Desaster. Unsere Eltern konnten uns nicht erreichen. Ich wusste, wenn ich noch eine Stunde länger wegbleibe, wird meine Mutter die Polizei, den Rote-Kreuz-Suchdienst und die Marine anrufen. Aber nicht, um nach mir zu suchen. Sondern um mich festnehmen zu lassen. Damit ich ja nicht nach Hause komme – weil sie mich sonst umbringen wird.

Natürlich haben wir nach unserer Rückkehr RICHTIG Ärger bekommen. Meine Mutter hat gesagt, sie schiebt mich nach Marokko ab, zu meiner Oma aufs Dorf. Bei meiner Freundin war es genau dasselbe Theater. Aber – es hat sich gelohnt. Wir hatten eine tolle Zeit. Wenn ich heute, mehr als zwanzig Jahre später, darüber rede, dann sagt mir jedes Detail dieser Erinnerung: DAS WAR FREUNDSCHAFT. Wahre Freundschaft. Durch dick und dünn.

Trotzdem war diese Freundschaft irgendwann zu Ende. Sie hat sich verliebt und geheiratet. Ich habe weiter Musik gemacht. Einmal haben wir uns noch wiedergesehen. Da lag ihr Vater im Sterben. Ich bin hingeflogen und konnte mich von ihm verabschieden. Danach haben wir versucht, Kontakt zu halten, aber unsere Welten waren einfach zu verschieden.

Auch echte Freunde können sich auseinanderleben. Weil das Leben sich verändert. Weil du dich veränderst. Oder weil die Umstände sich ändern. Diese wahre Freundschaft hat mir trotzdem gezeigt, was wichtig ist: Liebe, Respekt, Zusammenhalt. Ich erinnere mich gerne daran und bin bis heute dafür dankbar. Denn mit wahren Freunden erlebt man Geschichten, die man noch seinen Kindern erzählen kann.

Mit Fake Friends wirst du nie solche Geschichten schreiben. Da wird immer ein bitterer Nachgeschmack sein, du wirst dich irgendwie ausgenutzt oder hintergangen fühlen. Fake Friends erkennst du nicht sofort, aber mit der Zeit. Hab das Selbstbewusstsein, Nein zu ihnen zu sagen. Auch wenn sie dann für immer aus deinem Leben verschwinden. Du brauchst sie nicht.

- 20 -

LOVE IS A BATTLEFIELD

Ich habe euch in Kapitel 9 doch die Story von dem Typen erzählt, der ein Kandidat für mehr war: Ich hatte das schöne Date am Krankenbett. Ich habe mich von einer anderen Seite gezeigt. Dann ist er weggeflogen, dann bin ich weggeflogen. Wir hatten ausgemacht, dass wir uns wieder treffen, wenn er wieder da ist.

Es kam anders.

Plötzlich schreibt er mir auf Instagram, dass sein Handy kaputt ist. Und seine Karte auch. Handy kaputt? Das war schon 1999 eine schlechte Ausrede. Handy UND Karte? Egal, ich wollte mich nicht mehr aufregen. ES KANN JA WIRKLICH MAL SEIN.

Als ich auf dem Rückflug vom Urlaub war und gerade aus dem Flugzeug ausgestiegen bin, kam eine Nachricht von ihm über Insta-Direct. Sinngemäß: *Hi, bist du schon in Berlin? Ich wollte mit dir essen gehen. Wenn's nicht klappt, auch ok.*

Ich hatte gar nicht die Chance zu reagieren. Er hat gefragt und seine Frage selbst schon verneint. Es wurde noch schräger. Ich habe ihn gefragt:

Wie kannst du eigentlich Insta-Direct schreiben, wenn du kein Handy hast?

Er hat behauptet, dass er das Handy eines Kumpels benutzt.

Jetzt frage ich mich, warum er mich so krass belügt?

Ich erklär's euch: Das nennt man WARMHALTEN. Er hält dich warm.

Natürlich hat er ein Handy, aber er will mir seine Nummer nicht geben. Die Gründe könnten sein: Er ist Batman und somit immer schlecht erreichbar. Er ist wieder zu seiner Frau zurückgekehrt. Er hat eine Freundin. Ich bin zu kompliziert. Vielleicht wollte er mich nur flachlegen und hat dann gemerkt, ich bin zu nett zum Flachlegen ...

Das sind die Gedanken, die du dir in so einer Situation machst. Aber egal, was es ist, Fakt ist, du bist das SIDE CHICK. So handeln Typen, die eigentlich schon mit der Sache abgeschlossen haben. Die sich aber denken: Na ja, wenn NICHTS mehr geht, dann ruf ich sie an. Wenn er sich nur alle Mondjahre bei dir meldet, bist du ein Side Chick.

Alle, die er in der Warteschleife hat, hakt er eine nach der anderen ab – und am Ende ist nur eine übrig, mit der er es sich noch nicht verscherzt hat. Das bist du. Entweder weil er noch nichts mit dir hatte. Oder er hatte was mit dir und es gab noch keine Komplikationen. Also keinen Stress, keinen Streit. Deshalb ruft er dich an. Es hat nichts mit dir zu tun, du bist einfach nur bequem für ihn.

Ich habe dann getan, was wir Frauen öfter mal tun sollten: direkt sein. Aber kurz und knapp. Ich habe ihm geschrieben: *Wenn das hier eine Bro-Geschichte ist oder eine Freundschaft with benefits, dann lass es sein. Ist nicht böse gemeint, aber das will und das brauche ich nicht.*

Wenn du nämlich darauf eingehst, auf dieses On-Off-

Ding, dann wirst du immer wieder von vorne anfangen. Dasselbe predigen, dasselbe sagen. Du wirst dich immer wieder aufregen wegen derselben Aktionen, die er bringt. Es ist wie in dem Film *Und täglich grüßt das Murmeltier*. So wird die Bekanntschaft sein. Deswegen rate ich: Mach kurzen Prozess. Die Handygeschichte hat mich echt abgeturnt. Spiel doch nicht mit meiner Intelligenz!

Ich habe mal einen Ex-Freund wiedergetroffen, und es war eine schöne Begegnung. Ich habe ihn einfach reden lassen. Ich habe gemerkt, wie nervös er war. Das Wiedersehen war spontan und ungeplant. Ich war nicht gestylt und ich war in Eile. Meine Haare: schrecklich. Aber ich hatte Confidence – und das ist das schönste Kleid, das du als Frau tragen kannst. So stand ich ihm gegenüber.

Ich habe bloß *Hi* gesagt. Er hat geredet wie ein Wasserfall. Über sich. Ich hatte nur dieses Schmunzeln auf den Lippen. Damit habe ich ihn wirklich nervös gemacht! Dreimal hat er mich gebeten, an seinen Tisch zu kommen. Als ich gelitten habe wegen ihm, habe ich mir das immer gewünscht. Jetzt wollte ich es nicht mehr. Ich habe gesagt: *Wo soll das hinführen, wir können keine Freunde werden, ich glaube nicht an sowas.* Sorry. Dann hab ich gesagt: *Ich muss jetzt los.* Das war ernst gemeint. Weil jemand auf mich gewartet hat.

Als ich mich von ihm weggedreht habe und gegangen bin, habe ich mich wie in *Sex and the City* gefühlt. Ich war Samantha, Carrie, Charlotte und Miranda in einer Person. Ich war so stolz auf mich. In meinem Kopf lief der Song: *Love is a battlefield*. Ja, Liebe ist ein Schlachtfeld. Aber an diesem Tag, als ich meinen Ex zufällig getroffen habe, war es nicht mehr mein Schlachtfeld.

Ich würde viele Dinge gerne aussprechen. Aber manchmal sind die Männer es gar nicht wert. Manchmal ist die Zeit auch noch nicht reif. Selbst wenn du deine Gedanken so schön formulierst wie eine Philosophin – er würde dich trotzdem nicht verstehen. Es wäre doch viel zu schade um deine Worte. Verschwende sie nicht! Wir müssen uns in Geduld üben. Der Moment kommt. Aber er kommt nicht, weil du ihn planst. Er kommt einfach, wenn er kommt.

Früher wäre das meine Reaktion auf diese Handygeschichte gewesen: Was, er hat kein Handy und keine Karte? Dann kauf ich ihm eins! Und ich speichere nur MEINE Nummer ein. Ich habe mir im Kopf ganze Drehbücher zusammengesponnen. Wie ich es anstelle, dass er mich anrufen MUSS. Ich hätte sogar die Ich-lieg-im-Krankenhaus-Karte gezogen. Das habe ich mal gemacht. Ich habe gesagt: *Ich bin im Krankenhaus!* Dabei habe ich dort nur eine Vitaminspritze gekriegt. Ich kam mir selbst lächerlich vor! Als ich gerade ein Foto von meinem Arm mit der Spritze machen wollte, kam der Arzt und hat gefragt: *Und, fühlen Sie sich schon besser? Oder wollen Sie auch noch ein bisschen Zink?* Ich habe mich in dem Moment ein bisschen geschämt für mich selbst, aber ich musste auch laut lachen. Ich wollte mir selbst eine Schelle geben für diese verzweifelte Aktion!

Wir Frauen haben eine Vorstellungskraft, die ist unfassbar. Die kann aus grauen Elefanten rosa Elefanten machen. Wir würden es sogar selbst glauben. Wir lernen jemanden kennen, wir wissen seinen Nachnamen noch nicht, aber malen uns schon aus, wie unsere gemeinsamen Kinder aussehen werden. Das geht unfassbar schnell.

Genauso stellen wir uns vor, wie es sein wird, wenn er uns

abfuckt und wir DANN aufeinandertreffen: Wir Frauen sehen dabei fantastisch gut aus. Er sieht aus wie ein ... na ja, hässlich halt. Seine Neue neben ihm, die Kröte, sieht noch schlimmer aus. Wir haben den perfekten Satz für ihn: *Karma-is-a-bitch.com!* Damit ist alles gesagt und wir gehen aus dem Raum. Und alle so: *Wow!!! Wegen der Kröte hier hast du diesen Ferrari verlassen???* Alle applaudieren uns.

Dann stellen wir uns weiter vor, dass er zurückkommen will. Wie er sich wieder meldet und bettelt und bettelt – wir es aber endlich schaffen zu sagen: *Ganz ehrlich: I don't give a fuck!*

Das ist alles in unserem Kopf!

Diese Vorstellungskraft haben wir auch, wenn wir Fuckboys kennenlernen. Leider fühlt er nicht, was ich möchte, dass er fühlt. Er will auch nicht mit mir in Urlaub fahren – komisch. Es ist überhaupt irgendwie alles sehr kompliziert mit ihm. Dabei war es in meiner Vorstellung doch so einfach! Es war alles so klar in meinem Kopf. Es war perfekt.

Ich bin bis heute auf meinen Ex sauer. Nicht, weil er fremdgegangen ist. Nicht, weil er nicht zu mir gestanden hat. Auch nicht, weil er mich vielleicht schlecht behandelt hat. Ich schwöre es euch: Ich bin sauer, weil er meine VORSTELLUNG kaputt gemacht hat. Meine Schwester ist mit seinem besten Freund zusammengekommen. Das heißt: Wir hätten Vierer-Dates gehabt und WIR WÄREN ZUSAMMEN IN URLAUB GEFLOGEN! Im Flugzeug, erste Klasse. Versteht ihr? Wir hätten zusammen ein Hotelzimmer gehabt, wir wären zusammen rausgegangen, ab und zu wären die Jungs spielen gegangen und meine Schwester und ich hätten uns unterhalten: *Deiner ist so, meiner ist so, deiner ist so, meiner ist so ...*

Es war ein Match! Wann hast du denn mal ein Match? Das hat er kaputt gemacht. Deswegen bin ich sauer. Das war doch MEIN FILM im Kopf!

Viele denken, ich habe noch Gefühle für ihn. Aber das hat nichts mit Gefühlen zu tun. Es ging mir nur um das BILD: Die Vorstellung von der Doppelhochzeit war sooooo toll. Meine Schwester und ich hatten dasselbe Kleid an. Unsere tausend Cousinen standen hinter uns, als wir die Blumensträuße geworfen haben. Und wir haben tausend unverheiratete Cousinen, die darauf warten zu heiraten. DAS HAT ER ALLES KAPUTT GEMACHT!

Wenn ich ihn heute sehe, fange ich an zu beatboxen. Er sagt *Hallo*, ich mache *Ktzsssss*. *Nein. Lass es sein.* Ich sage immer Nein zu ihm. Er kommt näher, ich sag, *Nein, auf keinen Fall.* Manchmal mache ich nur *Ä-ä.* Wenn eine Frau anfängt zu beatboxen, ist sie an ihrem Limit. Dann hat sie keine Worte mehr. Der nächste Schritt wäre, die Ohrringe auszuziehen und in den Boxring zu steigen. Dann doch lieber die Beatbox.

Irgendwann vor Jahren im Suff, ich hatte Wein getrunken, habe ich ihm mal geschrieben, so völlig aus dem Nichts: *Ich hasse dich, du bist einfach das Allerletzte.* Da hatten wir schon ein Jahr keinen Kontakt. Daraufhin hat er zurückgeschrieben – und das war eigentlich eine ziemlich lustige Reaktion: *Also immer noch sauer?*

Ich zurück: *Für immer.*

- 21 -

BE A BOSS BITCH

Es gibt das nette Mädchen – und es gibt die Bitch. Eigentlich ist Bitch keine Beleidigung. Bitch übersetzt heißt Zicke. Eigentlich kommt das von Ziege. Dass Frauen rumzicken, dieses Wort wurde sicher von einem Mann erfunden. Dabei ist eine Zicke einfach eine Frau, die sagt, was sie will und was sie nicht will. Vielleicht wurde ihr bisher auch nur das Falsche angeboten, und sie musste immer wieder sagen, nein, ich möchte das NICHT. Bis die Männer irgendwann gesagt haben: Sie zickt rum.

Übrigens: Mein chinesisches Sternzeichen ist die Ziege. Ich finde Bitches oder Zicken überhaupt nicht schlimm! Für mich ist das eine selbstbewusste Frau, die weiß, was sie will. Der Typ ist doch das Problem: Er hat falsch abgeliefert! Wenn du richtig ablieferst bei einer Frau, würde sie niemals rumzicken.

Bei einer netten Frau denkt ein Mann am Anfang, wenn er sie kennenlernt: Oh, sie ist ja voll nett. Bei selbstbewussten Frauen denkt er: Was ist denn das für eine Eingebildete? Aber – du bleibst im Kopf.

Die Boss Bitch macht es richtig. BE A BOSS BITCH!
Wenn ich auf meine Karriere zurückblicke, auf die Mon-

rose-Zeit – was ist den Leuten davon im Gedächtnis geblieben? Zum Beispiel die Szene mit Detlef Soost. Ich hatte in der Sendung eine Auseinandersetzung mit ihm und er hat sinngemäß zu mir gesagt: *Verpiss dich.* Das nette Mädchen hätte sich verpisst. Oder sie hätte geweint: *Voll gemein!* Oder sie hätte ihm einen Brief geschrieben. Oder einen Kompromiss gesucht. Oder gesagt: *Bitte lass mich es noch mal versuchen.*

Die Boss Bitch denkt kurz nach. Sie lässt zwei Filme im Kopf durchlaufen.

So habe ich es gemacht. In dem einen Film nenne ich ihn einen Hurensohn. In dem anderen Film weise ich ihn in seine Schranken. Ich hab mich für die In-die-Schranken-Version entschieden. (Weil meine Mutter zugeschaut hat.) Ich habe sinngemäß erwidert: *Warum soll ich mich verpissen? Ich bin nicht respektlos. Wenn jemand zu mir sagt »Verpiss dich«... dann sag doch einfach, ich soll gehen.*

Er hat sich bei mir für das »Verpiss dich« entschuldigt, dann bin ich aus dem Raum gegangen. Nachdem wir diesen Streit hatten und er sich entschuldigt hat – ab dem Zeitpunkt war er ein Supporter. Seitdem sind wir gut miteinander. Wir waren später gemeinsam Jurymitglieder und ich war sogar auf seiner Hochzeit. Das ist eine Freundschaft, die dadurch entstanden ist, dass wir erstmal aufeinander geknallt sind.

Dieser Streit ist in allen Zuschauerköpfen hängen geblieben. Weil ich die Erste war, die ihm die Stirn geboten hat. Kurz und knapp, in absolut verständlicher Form. Ich habe gewonnen.

So musst du es machen. Be a Boss Bitch.

Die ganzen jungen Mädchen auf Instagram, die reden von Boss Bitch, und wissen nicht mal, was das ist. Es gibt You-

Tuberinnen, die behaupten, sie seien eine Boss Bitch – aber sie lassen sich von Typen chauffieren, lassen sich von Typen sagen, was cool ist und was nicht. Reduzieren sich nur auf ihren Körper. Eine Boss Bitch liebt ihren Körper, sie zeigt ihre Reize – aber sie reduziert sich selbst nicht darauf!

Ich habe immer alles selbst gemacht. Ich habe selbst gearbeitet. Ich habe mich selbst verteidigt. Ich habe mich selbst positioniert. Ich habe selbst geweint. Ich habe selbst gelacht. Ich habe selber meine Show geschrieben. Ich ernähre meine Familie, ich fülle meinen Kühlschrank, ich kümmere mich um meine Steuern. Da ist nirgendwo ein Mann! ICH BIN EINE MOTHERFUCKING BOSS BITCH! Be a Boss Bitch, aber verwechsel das nicht mit der Rolle einer Instagramerin oder einer Influencerin. Eine Boss Bitch ist eine Frau, die es allein schafft, immer wieder.

Weißt du, wer eine Boss Bitch ist?
Eine alleinerziehende Frau mit drei Kindern, die arbeiten geht und für ihre Kinder da ist.

Eine Boss Bitch ist eine Frau, die in jungen Jahren schwanger wird und versucht, eine gute Mutter zu sein.

Eine Boss Bitch ist eine, die tagsüber arbeitet und abends ihren Schulabschluss nachholt, um einen besseren Job zu bekommen.

Eine Boss Bitch ist eine Frau, die sagt, ich werde nur für meine Kinder da sein, wenn er nicht fähig ist, ein guter Vater zu sein.

Eine Boss Bitch ist eine Frau, die ihre Stimme dazu nutzt, andere zu motivieren.

Eine Boss Bitch ist eine Frau, die Schwächeren hilft.

Eine Boss Bitch sagt: Ich kann meinen Schrank selbst aufbauen. Wenn ich es nicht kann, dann bezahle ich einen Typen, damit er ihn mir aufbaut.

Eine Boss Bitch ist eine Frau an einem Konferenztisch in einer männerdominierten Welt, die sagt: Passt auf, der Plan sieht so aus …! Und alle applaudieren ihr.

Eine Boss Bitch ist eine Frau, die auf ihrem Konto Bling, Bling, Bling hat. Und die immer noch weiß, wo sie herkommt.

Und eine Boss Bitch weiß, dass Liebe schön ist – aber dass man sich in der Liebe nicht selbst vergessen darf.

Es gibt weibliche Superheros: Superwoman, She-Ra, Catwoman. Ist dir mal aufgefallen, wie sexy die aussehen? Das sind keine Boss Bitches, das sind Erfindungen. Eine echte Boss Bitch ist unabhängig von ihrem Gewicht, ihrem Aussehen, ihrer Hautfarbe, ihrer Religion, ihrem Status. Jede von uns kann eine sein. Es geht um ihre Taten und um ihre Einstellung.

Du kannst auch in einer Partnerschaft eine Boss Bitch sein – ohne deinen Partner zu unterdrücken. Aber du weißt genau, wenn es schiefgeht mit euch, kannst du sagen: Dann geh doch. Ich habe mich abgesichert.

Eine Boss Bitch ist eine Frau, die es schafft, aus schlimmen Situationen rauszukommen. Die immer wieder aufsteht. Ich rede auch von wirklich schlimmen Sachen. Häuslicher Gewalt, Zwangsehen. Eine Boss Bitch ist eine Frau, die sich Hilfe holt, wenn sie in Not ist – ohne sich dafür zu schämen. Weil sie sich um sich kümmert und niemandem das Recht einräumt, über ihr Leben zu bestimmen.

Be a Boss Bitch in deinem eigenen Leben! Egal, ob du 86 Jahre alt bist oder ob du 12 bist. Jede Frau kann eine Boss Bitch sein.

Kennt ihr die Geschichten der amerikanischen Bürgerrechtsbewegung? Als es in den USA noch Rassentrennung gab, haben große Persönlichkeiten wie Malcom X und Martin Luther King sich dagegen gewehrt und mit ihrem Leben bezahlt. Zu den Helden der Zeit gehört auch Rosa Parks. Eine Afroamerikanerin, die sich aufgelehnt und damit eine Riesenprotestwelle gestartet hat. Es fing ganz klein an: Sie kam von der Arbeit – und hat sich im Bus nicht nach hinten gesetzt auf die Plätze für die Schwarzen, sondern nach vorne, auf die Plätze, die für Weiße reserviert sind. Sie hat gar nicht viel darüber nachgedacht, sie wollte gar kein großes Zeichen setzen. Sie war einfach nur müde. Aber dann beschwerte sich ein anderer Fahrgast. Der Busfahrer holte die Polizei und Rosa Parks wurde verhaftet.

Und so hat ihr Fall eine Bewegung ausgelöst!

Wer hätte gedacht, dass diese Frau in die Geschichte eingeht? Es war nur ein Bus. Es war nur ein Sitz. Sie war nur müde. Aber damals ging es, wenn du schwarz warst, um dein Leben. Sie hat ihr Leben riskiert, indem sie nicht aufgestanden ist. So ist sie zur Legende geworden. Heute kennt jeder Rosa Parks. Wenn du sie bisher nicht kanntest: Jetzt kennst du sie! Sie war eine Frau in einer Zeit, in der es sehr viel Rassismus gab. Sie war schwarz. Sie war ganz allein. Sie ist trotzdem NICHT AUFGESTANDEN. Damit hat sie Geschichte geschrieben.

Das sind Frauen, die du dir als Vorbild nehmen solltest! YouTube, Instagram, Facebook – das vergeht. Rosa Parks bleibt. Weil sie mutig war. Und stark.

- 22 -

FOREVER ALONE?

Singlemann, Fuckboy, Muttersöhnchen, die tauchen alle im Leben mal auf. Aber Mr. Right war noch nicht dabei. Ich habe keine Vorstellung von ihm, aber ich weiß, wie es sich anfühlen sollte. Es fühlt sich an wie etwas, das ich noch nicht hatte. Alles, was ich hatte, hat sich gleich angefühlt: Es war kompliziert. Es war ätzend. Es war nicht schön.

Das Problem ist nicht, Männer kennenzulernen. Ich könnte in einem Café oder einem Club rumgehen und von fast jedem Mann seine Telefonnummer bekommen. Wenn du eine Beziehung haben willst, kannst du sofort eine Beziehung haben. Aber glücklich in einer Beziehung zu werden, das ist das Schwere. Den Richtigen rauszupicken, dazu braucht es viel Feingefühl.

Irgendeine Beziehung anfangen, irgendwen heiraten? Das kannst du von heute auf morgen. So, wie man auch von heute auf morgen Kinder machen kann. Aber es GUT zu machen, es gedeihen zu lassen, das ist die Schwierigkeit. Um Beziehungen muss man sich kümmern.

Falls es der Sinn des Lebens sein sollte, alleine zu sein, dann ist das Leben scheiße. Alleinsein ist auf lange Sicht schlecht für dich. Auch wenn ich Menschen wirklich nicht mag: Man braucht die Kommunikation mit anderen. Sonst verbittert man. Deswegen ist es wichtig, Erfahrungen mit Beziehungen zu sammeln. Als Frau musst du verschiedene Männertypen kennenlernen, um zu wissen, was zu dir passt.

Ich habe sehr spät damit angefangen und habe mich lange auf einen Mann versteift. Auch danach habe ich, unbewusst, immer denselben Typ Mann gewählt. Weil ich nichts anderes kannte. Bis ich Menschen kennengelernt habe, die andere Arten von Beziehungen führen. Junge und alte Paare, ausländische und deutsche, muslimische und christliche. Oder Frauen mit Frauen, Männer mit Männern. Ich habe verschiedenste Formen von Bindungen gesehen. Ich habe gemerkt: Wir sind alle unterschiedlich. Kann ein Außenstehender jemals wirklich kapieren, was in einer Beziehung zwischen zwei Menschen passiert? Am Ende des Tages ist doch nur eines wichtig: Es muss den beiden damit gut gehen.

Es gibt keine Regeln für die Liebe. Die Liebe ist da oder sie ist nicht da. Früher ging es mir so brutal ums Aussehen. Mittlerweile kommt jeder in Frage. Sogar der Baum vor meinem Fenster. Hauptsache, sein Charakter stimmt. Ich achte bei einem Mann aber immer auf seine Hände und seine Füße. Wenn die gepflegt sind, hat er sein Leben im Griff.

Ich habe in den letzten Jahren viele Männer kennengelernt. Dick, dünn, deutsch, jüdisch, muslimisch, Model, Nicht-Model, reich, arm, Muttersöhnchen, Fuckboy, Playboy. (Und ich musste nicht mit ihnen ins Bett gehen, um herauszufinden, was für Menschen sie sind.) Ich bin an Erfahrungen absolut reich geworden. Mit den Jahren haben sich meine Vorstellungen verändert. Es geht mir gar nicht mehr um Optik oder um Religion. Wenn du einen Menschen triffst, der keinen Makel im Gesicht hat, aber das Innere ist voller Scheiße, dann ist dieser Mensch nicht schön – sondern scheiße.

Für mich zählt in erster Linie Charakter und Herz. Außerdem achte ich darauf, wie er mit seiner Mutter umgeht. Wenn er gut mit ihr umgeht, schätzt er Frauen. Ich rede nicht davon, dass er sich bedienen lässt von seiner Mutter. Ich rede davon, dass er einmal am Tag fragt, wie es ihr geht, ob sie etwas braucht. Er soll nicht bei ihr wohnen, aber sich um sie kümmern.

Ich gucke auch darauf, ob er gute Freunde hat. Wie er mit ihnen umgeht. Ich frage: Mit wie vielen Frauen warst du eigentlich zusammen? Nur weil es kein männliches Wort für Nutte gibt, heißt das nämlich nicht, dass er keine sein kann.

Das sind die Sachen, auf die ich achte. Dann kommt der Beruf. Ich frage: Wo stehst du in deinem Leben? Was hast du dir für die nächsten Jahre vorgenommen? Wie sehen deine Ideen für die Zukunft aus?

Dann kann der nächste Step kommen. Sich verlieben. Und verlieben tut man sich, weil ein Mensch gut ist. Nicht, weil er gut aussieht. Ganz ehrlich: Gut aussehende Männer sind meistens anstrengend. Was heißt überhaupt gut aussehend? Was für mich gut aussehend ist, ist für dich überhaupt nicht gut aussehend. Was mir schmeckt, ist für dich überhaupt nicht schmackhaft. (Aber bei einem sind wir uns einig: Nutella ist der Hit!)

Ich hatte eine Großtante, die ist 98 Jahre alt geworden. Wir haben sie Mama Sohra genannt. Sie hat immer geraucht. Ich weiß nicht was, aber es muss was Gutes gewesen sein, sonst wäre sie nicht so alt geworden. Sie war die einzige rauchende Frau im Dorf – und sie war sooooo schön. Sie hat mir Bilder von früher gezeigt. Als junges Mädchen habe ich mich immer gefragt: Wieso ist Mama Sohra nicht verheiratet? Daraufhin hat sie mir ihre Geschichte erzählt. Sie hat in ihrer Jugend viele Männer kennengelernt, auch sehr hübsche Männer. *Warum hast du keinen von denen genommen*, hab ich sie gefragt.

Ich hab immer gedacht, es kommt noch jemand Besseres, hat sie gesagt. Die Männer schienen ihr nicht gut genug zu sein.

Irgendwann hat sie sich verliebt. Aber dann war sie es, die nicht würdig schien. Die Familie dieses Mannes wollte sie nicht. Er hat sich gegen sie und für seine Familie entschieden. Sie war unglücklich, ihr Herz war gebrochen – und sie hat danach nie wieder geliebt. Sie ist ihr Leben lang alleine geblieben.

Das ist eine wirklich traurige Geschichte. Immer nur warten, dass noch was Besseres kommt. Sich einmal zu verlieben, aber dann klappt es nicht. Wenn die Hoffnung stirbt – und irgendwann stirbt sie eben doch –, bleibst am Ende des Tages nur du allein zurück.

Mama Sohra ist gestorben, ohne zu wissen, wie es ist, geliebt zu werden. Sie wurde immer nur aus der Ferne für ihre Schönheit bewundert. Sie hat nie Kinder bekommen, keine Familie gegründet. Sie war alleine. In ihrer Geschichte war so viel Schmerz. Sie hat mal gesagt: *Ich war eine sehr starke Frau – bis ich mich verliebt habe.* Es gab Zeiten, da hatte ich Angst, wie Mama Sohra zu enden. Aber zum Glück gibt's einen großen Unterschied zwischen ihr und mir: Ich warte nicht, dass jemand Besseres kommt. Ich warte darauf, dass überhaupt mal jemand kommt.

Ich verrate euch noch ein letztes Geheimnis: Vor einigen Jahren, in dem tiefsten Tief meines Lebens, mit Liebeskummer, finanziellem Druck und Krankheit in der Familie, habe ich in meiner Verzweiflung ein leeres Blatt Papier genommen. Ich habe eine Liste gemacht. Ich habe Sachen aufgeschrieben, die ich machen WERDE im Leben. Nicht Sachen, die ich machen WILL, sondern die ich machen werde. Das ist ein großer Unterschied, ein Riesenunterschied. Ich habe geschrieben:

Ich werde eine Clubtour machen, die ausverkauft sein wird.

Ich werde meine eigene Show haben.

Ich werde einen Film drehen, in dem ich die Hauptrolle spiele.

Ich werde ein Buch schreiben.

Ich werde heiraten.

Und, letzter Punkt: Ich werde immer glücklich sein, egal was passiert.

Gerade wenn du denkst, du kannst nicht mehr, passiert das Unfassbare. Der Mensch holt von irgendwo eine Kraft – nenn es Energie, nenn es Karma, nenn es Gott oder nenn es den Glauben an dich selbst. Und dann stehst du wieder auf! Der Allmächtige gibt dir nur, was du tragen kannst. Wenn deine Schultern von der Last schon so gekrümmt sind und deine Augen die letzten Tränen geweint haben, wenn du an dem Punkt bist, wo du sagst, das Leben hat keinen Sinn, ich kann nicht mehr! Gerade dann geschieht ein Wunder. Dieses Wunder bist DU. Wenn du daran glaubst, dann wird es passieren.

- 23 -

TIME TO SAY GOODBYE

Du kannst deinen Liebeskummer so in die Länge ziehen, wie du willst. Am Ende des Tages suchst du immer noch Antworten auf Fragen, die dich quälen. Diese Fragen rauben dir den Schlaf und machen den Tag nicht angenehm. Ich kann mich an Zeiten erinnern, die waren so grausam, dass ich noch nicht mal aus dem Haus gehen wollte.

Es ist wie eine Mischung aus Depression und Liebeskummer ... Weil du dir immer wieder die Frage stellst: Warum ICH? Warum begegne ich immer wieder Menschen, die mich nicht wertschätzen? Während du darüber nachdenkst, während du jede einzelne Zeile in deinem WhatsApp-Verlauf noch mal durchliest und dir jeden einzelnen Moment in Erinnerung rufst, dreht deine Fantasie richtig auf. Wie wäre das alles ausgegangen, wenn du dies oder das gesagt hättest? Wenn du anders entschieden hättest? Oder ihm gar nicht erst begegnet wärst? Das sind Fragen, die dich quälen und die du dir nicht beantworten kannst.

Was wäre, wenn? Hätte, hätte, Fahrradkette.

Du hast nicht wie in dem Film »Zurück in die Zukunft« diesen geilen DeLorean, mit dem du in die Vergangenheit reisen kannst. Wir besitzen keine Zeitmaschine. Auch wenn ich sie mir schon oft gewünscht habe! Wie oft habe ich gesagt: Mein Gott, erfindet doch endlich mal was SINNVOLLES!

Was kam dabei raus? Influencer.

Die Zeit ist das Einzige, was wir nicht ändern können. Sie hat ihren eigenen Rhythmus, und dem müssen wir uns unterordnen. Du kannst dein Leben nicht vor- oder zurückspulen. Die Zeit geht einfach vorbei. Du kannst nichts mehr rückgängig machen.

Deshalb sage ich dir: Du musst dich verabschieden.

Was du nicht ändern kannst, lass los.

Was du nicht bestimmen kannst, lass los.

Was geschehen ist, ist geschehen. Nimm es hin.

Wenn dir jemand nicht guttut – und ich rede nicht nur von Beziehungen, sondern auch von falschen Freunden –, lass los. Denn am Ende des Tages wird keiner fragen, wie viele Tränen du in dein Kissen geheult hast. Keiner kann es so fühlen, wie du es in dem Moment gefühlt hast. Keiner wird dir die Last nehmen können. Egal, ob deine Freunde dir zuhören oder ob deine Familie dir beisteht. Eine harte Krankheit wie Liebeskummer kannst du nur mit dem Kopf bekämpfen. Mach deinen Kopf frei. Denk positiv.

Ich akzeptiere viele Dinge im Leben. Das habe ich gelernt. Ich habe auch gelernt, zu sagen, was ich will und was ich nicht will. Ich habe gelernt, in manchen Situationen zu schweigen. (Und glaubt mir, es fällt mir schwer!) Ich habe gelernt, mich zu verabschieden. *Time to say goodbye.* Mittlerweile kann ich es.

Ich verabschiede mich von Menschen, die mich ausnutzen.

Von Männern, die sagen, sie wissen noch nicht, ob sie bereit sind.

Von Männern, die mich hinhalten.

Von Menschen, die meine Energie rauben wollen, aber nie danach fragen, wie es mir geht.

Von Männern, die mich benutzen, um ihr Ego zu pushen.

Von Männern, die nur Sex wollen.

ICH BIN EINFACH NICHT MEHR BEREIT DAZU. Ich verabschiede mich von all den Fuckboys, Muttersöhnchen, Singlemännern, Exfreunden, Schnorrern und Arschlöchern. Ich verabschiede mich von all den Geistern, die ich NICHT gerufen habe. Tschüss! Fuckt jemand anderen ab. Aber nicht mehr mich.

Ich verabschiede mich auch von Fake Friends. Von Menschen, die mir vielleicht nahe waren, aber mir nicht gut getan haben. Ich sage: Ciao, haut rein und kommt nie wieder. Lasst mich in Ruhe.

Denn ich will *Hallo!* sagen zu den Männern, die bereit für mich sind. Die sagen, ich habe Lust auf eine Beziehung. Ich finde dich toll. Die sagen: Ich will mit dir zusammen sein, ich wage diesen Schritt. Ich möchte Menschen begegnen, die sagen: Danke, dass du mir geholfen hast! Menschen, die mich schätzen. Und ich will liebende Menschen um mich haben, die zu mir sagen: Hier bist du sicher.

Sortier dein Leben! Auch wenn es dir schwerfällt. Du kannst es. Fang neu an. Das sollte dein neues Hobby sein.

Das ist das Schöne am Leben: Zwar werden wir nur einmal geboren und sterben auch nur einmal – aber wir können jeden Tag zu einem neuen Tag machen. Es liegt in unserer Hand.

Such dir genau aus, was du machen willst und mit wem du es machen willst. Unsere Zeit ist so kostbar, die Jahre zerlaufen so schnell wie in einer Sanduhr. Wir sind nur kurz auf diesem Planeten zu Gast. Keiner weiß, wie lange genau. Willst du da wirklich mit Menschen dein Leben verbringen, die dir nicht guttun? Nein! Und glaub mir, du merkst, wenn Menschen dir nicht guttun.

Als ich ein Kind war, hat meine Mutter immer zu mir gesagt: *Ja, ja, jetzt beschwerst du dich über die Schule und den schweren Schulranzen. Aber wenn du den Ranzen ablegst, merkst du: Das Leben ist viel schwerer.* Meine Mutter ist so eine kluge Frau! Und sie hatte recht. Meine Last wurde schwerer. Im Leben stehst du ständig vor Entscheidungen. Vor schweren Entscheidungen. Du hast Glücksmomente, aber du erlebst auch Kummer und Leid. Beides ist so nahe beieinander! Hass und Liebe sind so nah beieinander. Tränen und Lachen sind so nah beieinander.

Alles hängt am seidenen Faden. Für Entscheidungen, die du heute triffst, musst du morgen die Konsequenzen tragen. Ich hätte niemals gedacht, dass Entscheidungen, die ich in der Vergangenheit getroffen habe, immer noch meine Zukunft beeinflussen. Manchmal bereue ich meine Entscheidungen. Manchmal habe ich sie nur getroffen, weil ich nicht mehr weiterwusste. Oder weil mein Ego die Führung übernommen hat. Manchmal tut es immer noch weh. Und manchmal wünsche ich mir, ich hätte meine heutige Weisheit in der Situation damals schon gehabt. Dann hätte ich vielleicht anders oder nicht so schnell entschieden.

Immer wenn ich Erfolg habe, verliere ich jemanden. Das hat Lady Gaga so ähnlich mal gesagt. Bei mir ist es genauso. Als ich in die Band gekommen bin, habe ich meine Jugendliebe verloren. Als Monrose noch mal ein Comeback hatte, habe ich meine erste große Liebe verloren. Als ich meine Solokarriere im Fernsehen gestartet habe, habe ich meinen damaligen

Freund verloren. Als ich mit meiner Bühnenshow erfolgreich wurde, habe ich wieder liebe Menschen verloren. Es ist wie ein Fluch.

Scheinbar gehöre ich zu der Sorte Frau, die nicht beides gleichzeitig haben kann. Entweder habe ich eine Karriere – oder ich habe eine Beziehung. Bisher hatte ich in meinem Leben mehr Erfolg mit der Arbeit als mit der Liebe. Vielleicht war ich auch einfach nicht bereit, für eine Beziehung Kompromisse einzugehen. Ich habe mich lieber für mich entschieden.

Ende vom Lied: Ich habe geliebt und mir wurde das Herz gebrochen. Aber wenn du mich fragst: *Fehlt dir was im Leben?* Dann sage ich: *Klar, jeden Tag. Die Mandelmilch im Kühlschrank. Das gewisse Plus auf dem Konto. Meine Mama.*

Wenn du mich aber fragst:
Bist du glücklich?
Dann antworte ich:
Jeden Tag!
Warum?
Warum nicht? Ich bin hier. Ich bin im Jetzt. Ich kann Dinge ändern. Und ich habe Dinge geändert.

So gehe ich mit Kummer im Leben um.

Ich kann dir nicht versprechen, dass du nie wieder Liebeskummer haben wirst. Aber ich verspreche dir: Du kannst dich verabschieden von dem, was dir nicht guttut. Und beim nächsten Mal wird der Prozess kürzer sein. Weil du dich durch dieses Buch besser kennengelernt hast. Weil du weißt: Die wichtigste Beziehung im Leben hast du mit dir selbst. Und der perfekte Partner ist der, der den besten Menschen aus dir herausholt.

Wenn ihr mich heute fragt: *Wie sieht es denn jetzt aus bei dir mit der Liebe, Senna?* Wollen wir mal so sagen: Ich habe sie gesucht, ich hab sie gefunden, ich hab sie geliebt, mich aber auch mit ihr zerstritten. Und wieder vertragen.

Die Liebe ist dann bereit, wenn du es bist. Wenn du sie IN DIR findest.

P.S. Ich liebe dich.

– ENDE –

DANK

In erster Linie danke ich meiner Familie, besonders meiner Mama. Weil sie in guten wie in schlechten Zeiten meine beste Freundin ist. Weil sie immer ehrlich zu mir ist und immer da ist für mich, auch wenn es mal nicht gut läuft. Die Liebe zwischen mir und meiner Mutter ist bedingungslos. Sie ist mein größtes Geschenk und mein größter Schatz. Ich hätte mir keine bessere Mutter wünschen können!

Daran sieht man mal wieder, dass Gott alles perfekt gemacht hat. Ich danke dem Herrn, der für mich alles ist. Auch wenn ich ihn nicht erfassen und nicht sehen kann, bin ich der festen Überzeugung, dass es ihn gibt. Weil so viele Dinge in meinem Leben passiert sind, die kein Zufall sein können – und auch nicht allein von Menschen gemacht und geplant. Dinge, die so strahlend hell sind, dass sie nur göttlich sein können!

Als nächstes danke ich meiner Community! Sie haben die Geschichten, die ich erzähle, zum Leben erweckt. Als nichts da war, waren sie da. Am Anfang noch wenige, aber dann wurdet ihr SO VIELE! Ihr steht für mich an erster Stelle. Und ihr sollt wissen: ICH BIN IMMER AUF EURER SEITE! An euch geht mein tiefster Dank, dass ihr mir das alles ermöglicht. Ihr seid die Besten!

Ich danke meinen Freunden, die mir stets zur Seite stehen. Speziell geht ein großer Dank an meine Freundin Clumsy.

Als wir uns getroffen haben, habe ich mich gefragt: Lass ich sie in mein Herz? Ich habe so oft Enttäuschungen erlebt. Aber Clumsy hat mich noch nie enttäuscht, sie ist immer an meiner Seite. Sie ist der Grund, warum es die Show »Liebeskummer ist ein Arschloch« gibt. Denn das war meine größte Angst, als ich zurück auf die Bühne gegangen bin: Dass keiner zuhören würde. Sie hatte damals mehr Mut als ich. Dafür bin ich ihr dankbar. Und dafür, dass sie meine beste Freundin ist und dass wir zusammen schaffen, was wir uns vornehmen!

Mein Dank geht auch an Astrid, die in den letzten Monaten dieses Buch mit mir geschrieben hat. Wenn wir beim Schreiben nicht über dieselben Witze gelacht und dieselbe Magie verspürt hätten, hätte ich euch diese Geschichten so nicht erzählen können.

Zu guter Letzt danke ich Carrie, meinem Partner in Crime. Zusammen haben wir erreicht, was wir uns vorgenommen haben. Und es bestätigt sich für mich immer wieder: Zusammen können wir alles schaffen. Oder, wie Xavier einst gesungen hat: *Was wir alleine nicht schaffen, das schaffen wir dann zusammen.* In diesem Sinne: Yes, you can! Do it!!!